西南大学学科建设经费专项资助

西南大学农林经济管理一流培育学科建设系列丛书(第二辑)

Study on the Compliance of the United States
Domestic Support to Agriculture
from the Perspective of WTO Rules

WTO规则视角下美国农业
国内支持的合规性研究

齐皓天　著

西南师范大学出版社

国家一级出版社　全国百佳图书出版单位

图书在版编目(CIP)数据

WTO 规则视角下美国农业国内支持的合规性研究 / 齐皓天著. — 重庆：西南师范大学出版社，2021.5
ISBN 978-7-5697-0351-1

Ⅰ.①W… Ⅱ.①齐… Ⅲ.①农业政策－研究－美国 Ⅳ.①F371.20

中国版本图书馆 CIP 数据核字(2021)第 066316 号

WTO 规则视角下美国农业国内支持的合规性研究

WTO GUIZE SHIJIAO XIA MEIGUO NONGYE GUONEI ZHICHI DE HEGUIXING YANJIU

齐皓天　著

责任编辑：龚明星

责任校对：范广元

装帧设计：元明设计　杨　涵

排　　版：瞿　勤

出版发行：西南师范大学出版社
　　　　　地址：重庆市北碚区天生路 2 号
　　　　　邮编：400715　市场营销部电话：023-68868624

印　　刷：印通天下网络科技有限公司

幅面尺寸：170mm×240mm

印　　张：12

字　　数：193 千字

版　　次：2021 年 5 月第 1 版

印　　次：2021 年 5 月第 1 次印刷

书　　号：ISBN 978-7-5697-0351-1

定　　价：49.00 元

前　言

　　农业国内支持政策深深植根于发达国家农业保护政策之中，因其背离自由贸易和比较优势理论，产生贸易扭曲作用，被认为是引发国际农产品贸易冲突的根源。所以乌拉圭回合农业谈判达成了旨在促进国际农产品贸易自由化的《乌拉圭回合农业协定》(Uruguay Round Agreement on Agriculture，简称URAA)，其中制定了约束各成员国农业国内支持政策的多边规则。由于URAA是美国和欧盟等大国主导的，具有天然的不平等性，所以2001年启动的WTO"多哈发展议程"提出了新的农业国内支持规则改革方案，但主要因为美国农业国内支持问题，谈判至今未果，所以现行WTO农业国内支持规则仍按照URAA执行。在现行WTO农业规则框架下，美国一方面利用现行不平等的农业规则向中国等发展中成员的农业国内支持政策施压，另一方面却大幅增加自己的农业国内支持总量，不实质性削减扭曲贸易的农业国内支持，对发展中成员的农业发展造成很大冲击。作为农业补贴大国、农产品贸易大国，同时担任着WTO成员班"班长"的角色，美国实施的农业支持政策如果不能按照WTO规则要求切实履行扭曲贸易的国内支持削减承诺和义务，不仅会给其他成员国带来强烈的示范效应，还关系到WTO农业规则的权威性和WTO体制的有效性与可持续性，进而会对世界农产品贸易秩序和新一轮多边贸易谈判产生重要影响。因此，从WTO规则视角，研究美国农业国内支持政策改革调整及其合规性，并分析美国农业国内支持政策对WTO农业规则改革进程的影响，一方面可以从如何规避WTO规则约束的角度对中国农业国内支持政策改革提供借鉴；另一方面可以从检查美国农业国内支持违规的角度为中国制定应对美国挑战的策略提供依据；除此之外还可以为中国更好地参与新一轮农业谈判，推动建立更加公平的农业国内支持规则提供参考。本书研究的主要内容和结论如下：

　　第一，理论分析。本书第2章首先从贸易扭曲理论出发，分析了农业国内支持政策扭曲贸易的机制,分析指出,农业国内支持政策并不直接扭曲贸易,而是通过增强国内生产者竞争优势和激励国内农产品生产(正向扭曲国内生产)进而导致国内外农业生产者的不公平竞争和国内外农产品贸易的扭曲,不同的农业国内支持措施潜在的贸易扭曲作用大小不同;然后从自由贸易理论出发,论述了多边规则为什么要对农业国内支持进行规制的逻辑,分析指出,规制的根本目的是对潜在贸易扭曲作用较大的农业国内支持政策进行限制,以促进农产品贸易自由化;进而阐述了WTO如何对农业国内支持进行规制的理论与方法。第3章基于WTO对农业国内支持进行规制的规则,构建了WTO农业国内支持合规性评价的分析框架与方法。

第二,对美国主要农业国内支持政策进行了深入分析。本书第4章首先从历史演变视角把具体政策的分析和特定历史条件相结合,厘清了《乌拉圭回合农业协定》生效以来美国农产品国内支持政策演变的逻辑与历史脉络;然后从美国历年农业法案原文出发,分析了美国主要农产品支持措施的复杂操作机制和不同措施之间的组合关系,总结了WTO规则框架下美国农业国内支持政策改革调整的特征。美国农产品支持政策的演变,总体上是价格支持工具逐步向直接补贴政策工具改革,挂钩直接补贴向脱钩、半脱钩直接补贴政策调整,农业保险补贴逐步成为最主要的政策工具。改革调整呈现出政策工具选择趋于多样化、政策手段趋于市场化、政策组合趋于优化、补贴方式半脱钩化等特征。从而更好适应形势变化、实现政策目标,从长期促进了美国农业竞争力提升和可持续发展。但所谓的脱钩和半脱钩补贴措施实际并没有和特定产品生产脱钩,只是在政策设计上规避现行WTO规则约束的策略。

第三,以现行WTO农业国内支持规则为基础,运用前文构建的WTO农业国内支持合规性评价的分析框架对美国1995—2013年的农业国内支持合规性进行了分析。本书第5—7章,分别从通报数据观测、通报问题分析和不合规通报修正后的TAMS测算三个层面,对美国已经向WTO通报的1995—2013年农业国内支持的合规性进行了检验,分析了美国农业国内支持的违规之处和规避WTO约束的策略。基于通报数据的分析显示,1995—2013年,美国农业国内支持总量增长了2.4倍,占农业总产值35%以上,主要是"绿箱"支持的增加,"黄箱"支持水平总体呈下降趋势。尽管基于美国通报数据的观测结果显示,美国向WTO通报的

1995—2013年间每年的现行AMS总量（TAMS）没有超过《农业协定》规定的TAMS年度约束上限，但在美国提交的国内支持通报中存在不合规问题，主要包括：按照"绿箱"通报的生产灵活性合同补贴（PFCP）和固定直接补贴（FDP）并不完全符合"绿箱"标准和条件；按照"非特定产品支持"通报的反周期补贴（CCP）与特定产品生产不完全脱钩；农作物保险保费补贴的通报"归箱"错误且金额不足。如果严格按照《农业协定》"归箱"规则与TAMS测度方法，对美国不合规通报的措施和金额进行修正后重新计算TAMS，则美国在1998年、1999年、2000年、2004年、2005年的"黄箱"综合支持总量已经超过了《农业协定》规定的年度约束上限。尽管2005年以后，美国实际的TAMS超过《农业协定》规定的约束上限的可能性不大，但由于《农业协定》"和平条款"在2004年终止，没有《农业协定》"和平条款"保护的情况下，美国对棉花等特定农产品给予很高水平的"黄箱"支持，很可能违反《补贴与反补贴协定》。美国规避WTO规则约束的主要策略包括：一是政策设计上名义脱钩实际挂钩；二是政策通报不严格遵守规则，把本应属于"黄箱"的措施归为"绿箱"，本应属于"基于特定产品支持"的归为"非特定产品支持"，还通过少报、漏报、隐瞒实际金额等方式降低通报的AMS水平；三是通过对农业保险公司提供补贴和再保险支持规避了WTO"黄箱"约束。

第四，根据多哈回合《农业减让模式草案（第四稿）》中设定的新一轮农业国内支持削减方案，对新一轮国内支持削减方案下美国农业国内支持的合规性进行模拟，进而判断美国农业国内支持政策对新一轮农业谈判和WTO农业国内支持规则改革的影响。本书第8章分别基于美国2002—2013年的农业国内支持历史数据和《2014年农业法案》的国内支持预测数据进行模拟（估计），模拟结果表明，如果按照《农业减让模式草案（第四稿）》执行新一轮农业国内支持的削减，美国《2002年农业法案》和《2008年农业法案》下的农业国内支持政策都无法满足削减要求，《2014年农业法案》虽然对国内支持政策做了调整，但也很难满足这一削减要求。正是因为在削减扭曲贸易的国内支持方面缺乏弹性，所以美国政府接受《农业减让模式草案（第四稿）》的难度较大，即便发展中成员在市场准入领域做出重大让步。因此，中国在坚持"发展"回合前提下，适当降低谈判的"雄心"水平或是推动多哈农业谈判是一种务实选择。

第五，本书在总结主要研究结论的基础上，从借鉴美国农业国内支持政策改革经验、规避WTO规则约束的策略、应对美国指控中国农业补贴超标的挑战、推动新一轮农业谈判几个方面,提出美国农业国内支持政策调整及其合规性对中国的政策启示意义。

本书的创新点有:①提出WTO规则框架下农业国内支持合规性的概念,构建了WTO规则视角下评价农业国内支持合规性的一般分析框架。②从历史演变视角把具体政策的分析和特定历史条件相结合,厘清了《乌拉圭回合农业协定》生效以来美国农产品国内支持政策演变的逻辑与脉络;从美国历年农业法案原文出发分析了美国主要农产品支持措施的复杂操作机制和不同措施之间的组合关系。③以现行WTO农业国支持规则为基础,从通报数据观测、通报问题分析和不合规通报修正后的TAMS测算三个层面,对美国1995—2013年农业国内支持的合规性进行了检验,既发现了美国农业国内支持的违规之处,也总结了美国利用农业保险补贴规避WTO约束的策略。④根据多哈回合《农业减让模式草案(第四稿)》中设定的新一轮农业国内支持削减方案,分别基于美国2002—2013年的农业国内支持历史数据和《2014年农业法案》的国内支持预测数据,对新一轮国内支持削减方案下美国农业国内支持的合规性进行模拟,定量分析了美国在新一轮农业谈判中削减国内支持的让步空间。

目 录

第1章 导 论

1.1 研究背景、问题与意义

1.1.1 选题的背景

农业的基础性、弱质性、外部性、多功能性、政治性等特征,决定了世界各国在工业化发展到一定阶段时开始对农业进行支持(速水佑次郎,2003;程国强,1996,2011)。但欧美等发达成员大量使用扭曲贸易的农业支持政策,误导了资源配置,严重背离自由贸易和比较优势理论,阻碍了国际农产品贸易自由化,并让各国付出了沉重代价(Robert Wolfe,1998)[①]。所以1986年启动的关贸总协定(GATT)乌拉圭回合多边贸易谈判开始把农业支持政策纳入多边贸易谈判框架之中,致力于通过加强对农业支持政策的规制,为逐步实现"建立一个公平的、以市场为导向的农产品贸易体制"的长期目标奠定框架基础。乌拉圭回合谈判最终成功达成了规制各成员农业支持政策的国际规则。一方面把农业补贴纳入国际贸易一般补贴纪律——《补贴与反补贴协定》(Agreement on Subsidies and

---

① 发达国家大量使用价格支持和生产补贴等扭曲贸易的农业国内支持政策,导致国内生产严重过剩,库存居高不下。为了维持国内农产品支持价格和处理堆积如山的剩余农产品,不得不大量实施农产品出口补贴和市场准入限制措施,进而导致国际农产品贸易冲突不断升级,同时各国农业政策支出急剧上升,预算压力之大连美国和欧共体都不堪重负,也增加了发达国家消费者和纳税人的负担。比如,1980—1986年,美国农业国内政策补贴支出从70亿美元上升到300亿美元。欧共体共同农业政策开支从1982年的124亿欧元增长到1988年的252亿欧元(欧元是埃居的后继货币。在1993年12月31日之前,使用的是埃居,从2000年1月起启动欧元。但埃居和欧元的内在价值相等。欧洲央行规定,1欧元等于1埃居),占欧共体总预算的70%以上,一度使欧共体财政处于破产的边缘。参见Robert Wolfe, Farm Wars: The Political Economy of Agriculture and the International Trade Regime, Macmillan Press, 1998, p.73.转引自李晓玲著:《WTO框架下农业补贴纪律研究》,华东政法大学博士论文第10页。

Countervailing Measures，简称 ASCM）的适用范围之中①；另一方面，为满足农业特殊性要求，在美国和欧盟的主导下达成了《乌拉圭回合农业协定》（简称 URAA），在《补贴与反补贴协定》一般补贴纪律之外还为农业量身定做了一套多边贸易规则体制。1995 年成立的世界贸易组织（WTO）取代了关贸总协定（GATT），成为独立于联合国的永久性国际组织，乌拉圭回合达成的多个多边贸易协定一起构成《WTO 协定》，《补贴与反补贴协定》与《农业协定》都成为《WTO 协定》附件 A1 中的子协定。所以，《乌拉圭回合农业协定》（后文中简称为《农业协定》）也被称为WTO《农业协定》或"WTO 农业规则"。在 WTO 规则框架下，WTO 成员所实施的农业国内支持政策将受到 WTO 农业规则的约束，并要按照规则规定将其实施的农业支持政策每年向 WTO 做出通报，以保证按照规则要求逐步削减对贸易有扭曲作用的农业国内支持②。

虽然《农业协定》第一次把农业国内支持政策纳入多边贸易规则框架之下予以规制。但是，一方面由于农业国内政策的特殊性，另一方面因为《农业协定》是美欧主导下的不利于发展中成员的不公平规则，使得《农业协定》对农业国内支持的规制并不严格，与"建立一个公平的、以市场为导向的农产品贸易体制"之目标还有很远的距离（王军杰，2012）。也正如《农业协定》前言所说，《农业协定》的目的仅是"为农产品贸易政策体制改革进程建立一个基础"，是以"建立增强的、更行之有效的 GATT 规则和纪律来发动改革进程"的开始③。为了继续这一改革进程，按照《农业协定》第 20 条规定④，2000 年 3 月 WTO 农业委员会召开第一次特

---

① 在乌拉圭回合《补贴与反补贴措施协定》之前，无论是关贸总协定 1947（GATT1947），还是东京回合《补贴与反补贴守则》，都没有有效约束和规范农业补贴。

② [日]中川淳司等.国际经济法[M].白巴根,译.北京:北京大学出版社,2007:132.

③ 见《农业协定》前言第二段。

④《农业协定》第 20 条是继续改革进程的规定:认识到实质性逐步削减农业支持和保护进而实现"建立一个公平的、以市场为导向的农产品贸易体制"的长期目标是一个持续的过程,各成员方同意将在本协定实施期结束的前一年开始启动继续这一改革进程的新一轮谈判,同时考虑:(a)届时从削减承诺实施过程中获得的经验;(b)削减承诺对世界农产品贸易的影响;(c)非贸易关注,对发展中成员方特殊和差别待遇,建立公平的、市场导向的农产品贸易体制之目标,以及本协定序言提及的其他目标和关注;(d)为实现上述长期目标所需要的进一步承诺。启动新一轮农业谈判除了以上法律动因之外,国内支持的持续削减、非贸易关注、关税配额管理、关税化、进一步约束出口补贴等现实问题也继续磋商。

别会议,正式启动了继续这一改革进程的新一轮多边农业谈判。2001年11月,WTO多哈回合多边贸易谈判[1]正式启动(张静,2010)。此次会议上,成员明确了把2000年开启的新一轮农业谈判并入多哈回合"一揽子"多边贸易谈判之中,和其他谈判议题同时推进。在多哈农业谈判中,美国一方面不愿对其农业国内支持削减做出新的让步,另一方面要求其他成员给予最大的市场准入机会,最终使多哈谈判陷入僵局(毛易,2011)。新一轮农业谈判自2000年开始,到目前为止已经经历了16个年头,原计划于2005年结束的谈判,屡陷困境,至今未果。其中美国农业国内支持减让问题一直是多哈农业谈判的难点问题,美国却把矛头指向发展中成员,认为是发展中成员不愿意在市场准入方面做出让步阻碍了多哈发展议程的进展。其本质是美国作为《农业协定》的利益既得方,不情愿现行有利于自己的WTO农业规则向着更加公平的方向改革。多哈谈判以来美国不仅没有实质性削减农业国内支持,反而增加了农业国内补贴(如图1-1所示),在政策设计和对政策的WTO通报中利用规则缺陷、不按规定通报或者蓄意隐瞒等方式规避WTO对"黄箱"补贴上限的约束,使得其实际的"黄箱"支持水平保持在较高水平,却得不到WTO农业国内支持规则的有效约束。

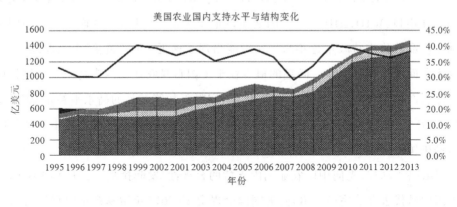

图1-1 美国农业国内支持水平与结构变化(1995—2013年)

资料来源:作者根据美国向WTO通报的农业国内支持数据(1995—2013年)计算整理(以2017年2月最新修订版为准)。

由于多哈农业谈判至今未果,所以现行WTO农业国内支持规则仍然按照乌

―――――――――――――

①《多哈部长宣言》对发展中成员的利益要求给予各部分更多关注,"促进发展中国家的发展"被确定为本回合的重要宗旨之一,因此,多哈回合谈判又称为"多哈发展议程"(Doha Develop Agenda)。

拉圭回合达成的《农业协定》执行。《农业协定》是美欧主导下有利于发达成员而不利于发展中成员的不平等的WTO农业规则,但中国在申请加入WTO时,为争取对更具战略地位的非农产业的适度保护,谈判中在农业支持保护方面做出了巨大让步,不得不接受了既定的不平等WTO农业规则。随着中国工业化、城镇化和农业现代化的发展,近年来中国对农业的国内支持水平不断提高,部分农产品的"黄箱"支持水平可能接近WTO规则允许的上限[①]。中国农业国内支持在现行WTO农业规则框架下越来越受到极大程度不平等规则的制约,已经不能满足中国支持农业发展的需要。但中国坚决维护WTO规则的权威性,始终遵守"入世"承诺,在新规则达成之前,中国农业支持政策仍要遵守现行WTO农业规则——《农业协定》。中国为此也正在积极推动农业国内支持政策改革[②],以适应WTO规则要求。

然而,美国在2016年9月13日,针对中国的农业国内支持向WTO提起世贸组织争端解决机制下的磋商请求,指控中国对玉米、稻谷、小麦的支持违反WTO规定(WTO,2016)[③]。2016年12月15日,美国在WTO继续向中国发难,指称中国稻米、小麦和玉米的进口关税配额(TRQ)使用不充分,违反了WTO承诺,损及美国农业出口(WTO,2016)[④]。美国之所以把矛头指向中国,一方面是因为中国个别农产品价格支持政策近年来确实可能出现了逼近WTO"黄箱"上限的风险,但这不是问题的根本所在。问题的根本在于美国自身农业国内支持政策严重扭曲国际农产品贸易,比如美国对大豆、棉花、饲料谷物等产品的高水平补贴,刺激了生产,压低了国际农产品价格,对发展中成员的农业产业造成强烈冲击。如果中国和美国之间的贸易摩擦激化到打贸易战的地步,美国将不占优势。美国为了获得战略主动权,先向中国农业国内支持的合规性[⑤]发起挑战。2017年3月1日,美国贸易代表办公室(USTR)向美国国会提交了《2017年贸易政策议程报告》,主

---

① 按照WTO农业规则,中国对特定农产品的"黄箱"支持水平不得超过产值的8.5%。

② 2015年开始取消玉米临时收储的价格支持政策,2016计划从2017开始逐步降低水稻、小麦最低收购价。

③ 来源于WTO网站:https://www.wto.org/english/tratop_e/dispu_e/cases_e/ds511_e.htm.

④ 来源于WTO网站:https://www.wto.org/english/tratop_e/dispu_e/cases_e/ds517_e.htm.

⑤ "合规性"是指:农业国内支持政策的实施和通报是否符合WTO农业规则,农业国内支持的"黄箱"支持水平是否遵守了URAA承诺的约束水平。

张"不会原封不动遵守"世界贸易组织(WTO)争端解决程序,明确了美国将无视战后由其主导制定的国际贸易规则,转而走国内法优先的路线。特朗普政府已给出暗示,今后一旦与别国发生双边贸易摩擦,将会毫不犹豫地发起制裁①。而美国最大的目标是中国,USTR在报告中对中国表达了不满,称"自中国2001年加入WTO以来,美国经济的增速明显放缓,美国一半的贸易逆差来自对华贸易,现行的世界贸易规则对中国有利"②。美国一方面利用有利于自己的WTO规则向中国等发展中成员发难,一方面自己不遵守WTO规则,挑战现行WTO规则的权威性。并且,美国一直在钻世贸组织规则的"空子",寻找保护国内产业的对策(末启一郎,2017)③。

美国是农业补贴大国、农产品贸易大国,同时又是现行WTO规则的主导者,担任着WTO成员班"班长"的角色。美国实施的农业支持政策如果不能按照WTO规则要求切实履行了削减扭曲贸易的国内支持的承诺和义务,不仅会给WTO其他成员带来强烈的示范效应,还关系到WTO农业规则的权威性和WTO体制的有效性与可持续性,进而会对世界农产品贸易秩序和WTO新一轮多边贸易谈判产生重大影响。中国作为WTO重要成员,也是美国农产品最大出口国,美国农业国内支持政策对中国产生重大影响,尤其是近年来,美国出口到中国的大豆、高粱、大麦、玉米、畜产品数量激增,对中国农业产业安全造成巨大冲击,美国对这些产品都给予了很高水平的国内支持,美国反而向中国农业国内支持的合规性发起挑战。新形势下中国面临三大任务:一是要加快国内农业支持政策改革,转变农业支持方式,严格遵守WTO农业规则要求;二是要深入研究美国农业国内支持是否严格遵守WTO规则,检查美国农业补贴不合规之处,坚决抵制美国公然或者隐蔽地违反WTO规则的行为,用以反制美国对中国农业国内支持合规性的挑战;三是在维护既定WTO规则权威性的同时,要团结受到现行规则不平等待遇的广大发展中成员一起,在新一轮农业谈判中积极推动WTO规则改革,建立更加公平的WTO农业规则。因此,深入研究美国农业国内支持政策对

---

① 来源于WTO网站:https://www.wto.org/english/tratop_e/dispu_e/cases_e/ds517_e.htm.

② 来源于参考消息网:美国向WTO"宣战"动摇国际贸易规则,外媒称主要针对中国。网址:http://www.fx361.com/page/2017/0304/924761.shtml.

③ 来源于参考消息网:美国向WTO"宣战"动摇国际贸易规则 外媒称主要针对中国,网址:http://www.fx361.com/page/2017/0304/924761.shtml.

现行WTO农业规则的遵守情况以及美国农业国内支持政策对WTO农业规则改革进程可能产生的影响,显得非常必要。

1.1.2 研究的问题

基于上述研究背景,本文选择"WTO规则视角下美国农业国内支持的合规性研究"作为研究题目,包含三个主要研究问题:

第一,《农业协定》生效以来,美国如何在国内政策目标和国际规则双重约束下对农业国内支持政策进行改革调整?

第二,《农业协定》生效以来,美国所实施的农业国内支持政策是否确实严格遵守了现行WTO农业规则,如何规避WTO规则约束?

第三,在多哈谈判拟定的新一轮农业国内支持削减方案下,美国现行农业国内支持政策能否满足新一轮农业国内支持削减要求,其对WTO农业国内支持规则改革进程产生怎样的影响?

1.1.3 研究的意义

本文从WTO规则视角,研究乌拉圭回合以来美国农业国内支持政策改革调整及其合规性,并分析美国农业国内支持政策对WTO农业规则改革进程的影响,在理论和应用两个层面都具有重要意义。

从理论层面讲,在全球化背景下,农业支持政策问题不仅是国内问题,也是国际问题;不仅是经济问题,也关系到国际关系与政治;对农业支持政策的研究不仅要着眼于政策的国内目标需求、制度设计、作用机制和效果等方面,还要和国际规则接轨,分析其国际影响。本研究从WTO规则视角研究美国农业国内支持政策的合规性及其影响,这是一个综合运用农业经济理论与政策、国际贸易、WTO农业规则与国际法学、国际政治经济学等多学科理论的交叉研究,它拓展了农业支持政策研究的边界,为国内对农业经济理论与政策的研究从只关注国内转向与国际规则接轨提供了参考。

从应用层面讲,有三方面现实意义。第一,美国具有世界上最完备的农业国内支持政策体系,同时也是现行WTO农业规则的主导者,研究美国如何对农业国内支持政策进行改革调整,分析美国农业国内支持政策规避WTO规则约束的策略,在规避WTO规则约束同时实现农业国内支持政策的国内目标,可以对中国当前农业国内支持政策改革如何在适应WTO规则要求的同时更好实现政策的国内目标提供有益借鉴。第二,中国作为WTO成员,同时也是美国农业国内支持政策的受害国,深入分析美国农业国内支持政策是否严格符合WTO规则要求、检查美国农业补贴不合规之处,不仅可以为中国起诉美国农业国内支持违规提供线索,以制衡美国对中国农业国内支持合规性的挑战;也为中国正确履行WTO成员的监督义务、维护WTO规则权威性,正确行使WTO成员权利、依法维护中国利益,提供依据。第三,美国农业国内支持被认为是阻碍多哈农业谈判的难点问题,定量评估美国现行农业国内支持政策在新一轮农业国内支持削减方案下满足削减要求的可能性,可以更加准确地预估美国现行农业国内支持政策可能对新一轮农业谈判和WTO农业规则改革进程的影响,从而为中国在"后巴厘"农业谈判中采取何种策略提供依据。

1.2 基本概念、范畴的界定

"农业国内支持""农业国内支持措施""WTO农业国内支持规则""农业国内支持措施的'归箱'""WTO农业国内支持通报""农业国内支持的'黄箱'微量允许""'黄箱'综合支持量""农业国内支持的合规性",是本书要反复使用的一组基本概念。虽然在讨论农业保护政策、农业补贴政策、农产品贸易政策等问题的现有文献中,也偶尔涉及上述个别概念(如程国强,1996;王霄鸣,2004;陈阵,2009;等),但对上述部分概念并没有做明确的界定。由于这组概念是基于WTO规则视角提出的,具有较强的专业内涵,根据本文研究和后文行文的需要,这里首先对这组基本概念做出清晰的界定是非常必要和关键的。

1.2.1 农业国内支持

在《农业协定》谈判之前,并没有农业国内支持(Domestic Support)这一概念。乌拉圭回合多边贸易谈判首次成功地将农业贸易问题纳入多边贸易体制的框架之下予以规制。农业国内支持(Domestic Support)、农产品出口补贴(Export Subsidy)、农产品进口的市场准入制度(Market-access system)一起构成《农业协定》的"三大支柱"。由于农业国内支持的复杂性,界定"国内支持"的概念并非易事,所以《农业协定》本身并没有对"国内支持"的概念做界定,只是在《农业协定》第6条"国内支持承诺(Domestic Support Commitments)"中指出,"国内支持适用于

（apply to）所有有利于农业生产者的国内支持措施（Domestic Support Measures）"（李晓玲，2007；王军杰，2012）。

从表面意思看，农业国内支持与农业国内补贴的概念类似，但又有所不同。在国际贸易规则话语体系下，补贴（Subsidy）被分为出口补贴和出口补贴之外的补贴（国内补贴）。乌拉圭回合谈判达成的《补贴与反补贴协定》（Agreement on Subsidies and Countervailing Measures，SCM Agreement）第1条[①]对"补贴"的定义或确定存在"补贴"的标准给出了较为清晰的界定："政府或公共机构直接或者委托授权其他机构（如私营机构、企业等），通过提供财政资助，或者采取收入或价格支持措施，专门针对某一企业或产业授予的一项具体利益"。补贴接受者获得某项"利益"，从而获得了"人为"的竞争优势，这是构成补贴的必要条件（程国强，2011；王瑞，2015）。从《补贴与反补贴协定》对"补贴"概念的界定看，农业国内支持隐含了农业国内补贴的意思，在《农业协定》文本中，"支持"（Support）和"补贴"（Subsidy）也是多次交替出现。但《农业协定》并没有直接采用"国内补贴"，而是创造出"国内支持"这一独特术语替代"国内补贴"，说明农业国内支持不仅包含《补贴与反补贴协定》定义的补贴中的农业国内补贴，还包含除财政资助、收入或价格支持措施之外的国内支持措施。比如政府直接提供或委托授权其他机构（如私营机构、企业等）实施农业教育培训服务、农业技术援助等，这些支持措施也会给农业生产者带来利益，但不具备专项性，所以不符合补贴的定义。

综上所述，农业国内支持包含两层含义：一是指有利于农业生产者的国内支持

[①]《补贴与反补贴协定》第1条规定："1.1 就本协定而言，如出现下列情况应视为存在补贴：

（a）（1）在一成员（本协定中称"政府"）领土内，存在由政府或任何公共机构提供的财政资助，即如果：

（i）涉及资金的直接转移（如赠款、贷款和投股）、潜在的资金或债务的直接转移（如贷款担保）的政府做法；

（ii）放弃或未征收在其他情况下应征收的政府税收（如税收抵免之类的财政鼓励）；

（iii）政府提供除一般基础设施外的货物或服务，或购买货物；

（vi）政府向一筹资机构付款，或委托或指示一私营机构履行以上（i）至（iii）列举的一种或多种通常应属于政府的职能，且此种做法与政府通常采用的做法并无实质差别；或

（a）（2）存在GATT1994第16条意义上的任何形式的收入或价格支持；及

（b）因此而授予一项利益。

1.2 如按第1款定义的补贴依照第2条的规定属专向性补贴，则此种补贴应符合第二部分或符合第三部分或第五部分的规定"。

措施,包括所有农业国内补贴措施和不属于补贴的其他所有国内支持措施;二是指通过各种农业国内支持措施向农业生产者提供的可以用货币金额来衡量的利益。

1.2.2 农业国内支持措施及其类型

农业国内支持措施是指对农业生产者或整个农业产业提供国内支持的具体政策工具和方式,是农业国内支持政策的具体所指,支持政策(support policies)是对支持措施(Support Measures)的总称。一般情况下这两个概念可以互换使用,仅在涉及对具体政策的讨论时,称为支持措施。世界经济合作与发展组织(OECD)从政策指向性角度把各国实践中多种多样的农业国内支持政策归纳为对农业生产者的支持和政府服务支持两种类型,其中对农业生产者的支持又分为价格支持(Price support)和直接补贴(Direct payment)。价格支持,即通过价格政策、市场干预措施等向农民和农产品提供转移支付,支持成本由政府财政(源自纳税人)和农产品消费者共同负担;直接补贴,即按照一定标准和条件直接给予农民的补贴,补贴支出由政府财政负担。其中,直接补贴可进一步分为与现期农产品产量、价格、种植面积、动物数量、投入品使用、农户经营收入等挂钩的直接补贴(简称"挂钩补贴")以及与上述不挂钩的直接补贴(简称"脱钩补贴",De-coupled Payments)(程国强、朱满德,2012)。政府一般服务支持,即通过政府公共财政对整个农业部门的补贴支持,不针对农民和特定农产品(OECD,2008;程国强、朱满德,2012;周慧,2012;江喜林,2013;李勤昌、张肖肖、2014)。具体如表1-1所示。

表1-1 OECD对农业国内支持(国内补贴)政策措施的分类

一级类别	二级类别	三级类别
1.生产者支持(A到G的合计)	A.基于商品产出的补贴	A.1 市场价格支持
		A.2 基于产量的补贴
	B.基于投入品使用的补贴	B.1 可变投入品使用
		B.2 固定资本形成
		B.3 农场服务
	C.要求产量,基于现期耕种面积/牲畜数量/所得收益/收入总额的补贴	C.1 基于现期所得收益或收入总额
		C.2 基于现期耕种面积或牲畜数量
	D.要求产量,基于非现期耕种面积/牲畜数量/所得收益/收入总额的补贴	

续表

一级类别	二级类别	三级类别
	E. 不要求产量,基于非现期耕种面积/牲畜数量/所得收益/收入总额的补贴	E.1 可变补贴率
		E.2 固定补贴率
	F. 基于非商品标准的补贴	F.1 长期的资源休耕停用
		F.2 某类具体的非商品产出
		F.3 其他非商品标准
	G. 混合补贴	
2.一般服务支持(H到N的合计)	H. 科研和发展	
	I. 农业院校	
	J. 检验检疫服务	
	K. 基础设施	
	L. 营销和推广	
	M. 公共储备	
	N. 混合	

资料来源:程国强:《中国农业补贴:制度设计与政策选择》,P19-20。

1.2.3 WTO农业国内支持规则

WTO农业国内支持规则(WTO agricultural domestic support rules)是指 WTO 多边贸易协定中对农业国内支持进行规制的相关协定。1995 年,关贸总协定(GATT)第八轮贸易谈判结束,成立了世界贸易组织(WTO)取代了关贸总协定(GATT),成为独立于联合国的永久性国际组织,乌拉圭回合达成的多个多边贸易协定一起统称《WTO协定》。其中涉及农业国内支持规制问题的具体协定包括《农业协定》和《补贴与反补贴措施协定》。其中,《补贴与反补贴措施协定》是 WTO 一般补贴纪律,他适用于所有贸易产品和所有的补贴,当然也适用于农产品的国内补贴,而农产品国内补贴是农业国内支持的重要组成部分。《农业协定》是在《补贴与反补贴协定》一般补贴纪律之外为农业量身定做的一套由农业国内支持规则(Domestic Support)、农产品出口补贴规则(Export Subsidy)、农产品市场准入制度(Market-access System)共同构成的、相对独立的农业多边贸易规则。

WTO新一轮农业谈判——多哈回合农业谈判拟定了新的农业规则,即 2008 年 12 月形成的《农业减让模式草案(第四稿)》(TN/AG/W4/Rev4),被认为是推动谈判达成协议的重要基础。但是由于多哈谈判至今未果,多哈农业规则并未生效,乌拉圭回合制定的《农业协定》和《补贴与反补贴协定》沿用至今。所以本文把乌拉圭回合达成的WTO《农业协定》和《补贴与反补贴协定》中所有适用于农业国内支持的规制条款称为"现行WTO农业国内支持规则";把多哈谈判拟定的《农业减让模式草案(第四稿)》中对农业国内支持的削减方案称为"WTO多哈谈判农业国内支持规则改革方案"或"新一轮农业国内支持削减方案"。"现行WTO农业国内支持规则"具有实际法律效力,"新一轮农业国内支持削减方案"没有法律效力,只是本文研究中用到的一个参照规则标准。

1.2.4 农业国内支持的"归箱"与通报

(1)农业国内支持的"归箱"(Box category)。《农业协定》对农业国内支持进行规制的基本规则是,根据"国内支持措施"的贸易扭曲作用大小,把所有农业国内支持措施分为"黄箱"(Amber Box)、"蓝箱"(Blue Box)和"绿箱"(Green Box),另外设置了"发展箱"作为对发展中成员的差别待遇①,采取"分箱而治"的方式对不同"箱体"的国内支持措施制定不同的纪律。其中,"绿箱"措施、"蓝箱"措施和"发展箱"措施,由于其贸易扭曲用作较小或是差别待遇而免于对其支持水平进行削减和限制。"黄箱"措施的贸易扭曲作用大,支持水平要受到限制。为了便于各成员对千变万化的具体农业国内支持措施做出符合各箱体要求的分类,《农业协定》分别制定了"绿箱"措施、"蓝箱"措施和"发展箱"措施的划分标准和条件。凡是不符合"绿箱""蓝箱""发展箱"措施标准和条件的支持措施,都归为"黄箱"措施。"黄箱"措施又分为"基于特定产品的支持"和"非基于特定产品的支持"。所以,农业国内支持的"归箱"是指,按照《农业协定》规定的标准和条件对具体农业国内支持措施进行"归箱"分类的技术处理过程。

(2)农业国内支持通报(WTO agricultural domestic support notifications)。为了审议各成员对乌拉圭回合谈判达成的国内支持削减承诺和改革计划的执行进展情况,《农业协定》第18条"对承诺执行情况的审议"规定,各成员必须按照规定格式,在对每年的农业国内支持措施进行"归箱"分类的基础上,向WTO秘书处通报具体的支持金额。所以,农业国内支持措施的通报,也称为农业国内支持通报,就是指WTO成员向WTO提交的反映年度国内支持政策实施情况的标准文件。

---

① 各种"箱体"类型下的具体措施在第二章2.2.1节交代。

1.2.5 "黄箱"微量允许与"黄箱"综合支持量(AMS)

"黄箱"措施是能够对贸易产生很大扭曲作用的措施,是WTO规则要求削减的支持措施,但是,如果把这类措施的支持水平限制在可接受的低水平,就可以减小其贸易扭曲作用(这就好比,一种药的毒副作用非常强,但是只要服用的量足够少,也不会毒坏人,必要的时候还是可以少量的吃一点)。所以《农业协定》规定了"黄箱"措施支持水平的"微量允许标准(De Minimis)"。凡是支持水平低于"微量允许标准"的"黄箱"支持免于削减;凡是超过"微量允许标准"的"黄箱"支持全部记入"黄箱"综合支持量(Aggregate Measurement of Support,简称"AMS"),作为削减的基础。成员要对年度AMS总量(Total AMS,简称TAMS)[①]做出削减承诺。《农业协定》第1条第(a)款定义"AMS"为,以货币形式表示的、有利于基本农产品生产者对某一农产品提供的年度支持水平,或者有利于一般农业生产者的非基于特定产品提供的年度支持水平,但排除"绿箱"措施、"蓝箱"措施和"发展箱"措施,也不包含微量允许的"黄箱"支持。所以,"黄箱"支持的综合支持量(AMS)就是用货币来衡量的超过微量允许标准的"黄箱"支持金额(崔卫杰、程国强,2007)。"黄箱"综合支持总量(Total AMS,缩写为TAMS)包括所有基于特定产品的AMS和非基于特定产品的AMS之和。

1.2.6 农业国内支持的合规性

"合规性"(Compliance)一词本是一个审计术语,在"合规性审计"中,审计人员应确定被审计单位是否遵循了特定的程序、规则或条例(张蕊,2016)[②]。美国国际贸易代表办公室(USTR)向美国国会提交的"中国贸易政策的WTO合规性报告"(USTR's report to congress on China's WTO compliance,2002,2004,2010,2014等),提出WTO规则视角下贸易政策的合规性这一概念,其含义是WTO成员所实施的贸易政策是否符合WTO相关规则的规定。农业国内支持政策被纳入WTO

---

①《农业协定》第1条第(h)款定义"TAMS"为,所有特定产品的AMS和非特定产品AMS以及所有特定产品支持等值的综合。其中特定产品支持等值仅仅是在计算削减基期(1986—1988年)AMS时,当特定产品市场价格支持量无法按照《农业协定》附件3规定的计算方法计算时,用特定产品支持等值替代市场价格支持量。在《农业协定》实施期和以后的AMS计算中,不涉及计算特定产品支持等值的问题。

②网址:http://baike.baidu.com/link?url=wg3-6tuFypeA4kB7ROlbxh4Ymh5rTFbw3VWmQo-kFLhoJk-toGK4uf12dAgs0iPS6-YyCyLOId6GdDvFYjlZKGbmHWOAmL7ai1As1l1tERiC2llt5o66i5rKzRc5Uwfwn-fl5o4jnxWH4o3h05icaaTq#ref_[1]_3943786.

贸易规则的规制框架以后,各成员实施的农业国内支持政策也要符合WTO相关规则。所以,WTO规则视角下的农业国内支持的合规性(WTO Compliance)具体指WTO成员所实施的农业国内支持政策及其对农业国内支持的通报,是否遵守了WTO制定的农业国内支持规则。具体包括五个方面:第一,WTO成员是否按照《农业协定》18.3条规定对其农业国内支持政策实施情况和"黄箱"支持AMS削减承诺执行情况进行及时和完全的通报;第二,WTO成员对其农业国内支持政策进行通报时,对具体支持措施的"归箱"分类是否符合《农业协定》规定的"归箱"标准和条件;第三,通报的支持金额是否准确;第四,WTO成员农业国内支持是否遵守了WTO《农业协定》规定的国内支持削减承诺;第五,对特定产品的国内补贴是否遵守了《补贴与反补贴措施协定》。换言之,WTO规则下农业国内支持及其通报的合规性也可以表述为WTO成员实施的农业国内支持政策及其通报与WTO规则的一致性(Consistency with WTO limits)。如果WTO成员实施的农业国内支持政策及其通报与WTO规则是一致,则其农业国内支持合规,否则为违规。

1.3 研究思路、内容与方法

1.3.1 研究思路

本文研究的核心问题,一是在现行WTO农业规则框架下对美国农业国内支持的合规性进行检查,二是在新一轮农业谈判拟定的农业国内支持削减方案下,对美国现行农业国内支持政策的合规性进行预判,进而分析其对新一轮农业谈判的影响。围绕这两个核心问题,全文展开分为四步。

第一步,理论上阐述为什么要对农业国内支持进行规制和如何对农业国内支持进行规制,并对与本文密切相关的国内外研究文献作简要回顾与评述,在此基础上搭建起本文基本分析框架。然后详细介绍农业国内支持合规性评价的规则内容与分析方法,从而奠定本文对核心问题进行分析的基础。

第二步,对乌拉圭回合以来美国实施的农业国内支持政策(研究的对象)进行详细分析,包括改革与调整的路径、特征,主要支持措施的操作方式、影响机理等,一方面为后文进一步分析其具体措施通报是否合规奠定基础;另一方面总结美国农业国内支持政策改革调整和具体政策设计方面,促进国内农业发展目标的实现和规避WTO规则约束。

第三步,在现行WTO规则框架下,对美国已经向WTO通报的农业国内支持(1995—2013年)的合规性及其规避WTO约束的策略进行分析。第一,检查美国农业国内支持通报的程序性义务和TAMS削减承诺的执行情况,并从美国通报的国内支持数据观测其农业国内支持水平和箱体结构的变化特征。第二,检查美国是否存在违规通报行为。虽然美国向WTO通报的农业国内支持水平名义上符合《农业协定》的削减承诺,但是美国对其农业国内支持措施的WTO通报是否符合《农业协定》规则要求?因为对各种各样的具体农业国内支持措施进行"归箱"分类是一个复杂的技术处理过程,对其监督比较困难,WTO成员在向WTO通报其农业国内支持时存在不按规则"归箱"的情况,以达到隐瞒、规避WTO"黄箱"支持上限约束的目的。如果美国存在违规通报行为,则存在哪些违规通报,所以要详细分析美国对主要农业国内支持措施的通报"归箱"分类是否符合《农业协定》规则要求,通报的金额是否属实。第三,把不合规通报的措施和金额严格按照规则要求修正后,测算修正后的"黄箱"综合支持量,看修正后的实际"黄箱"综合支持量是否超过《农业协定》规定的约束上限。

第四步,按照多哈回合农业谈判拟定的农业国内支持削减方案,模拟美国所实施的农业国内支持的合规性,即根据拟定削减方案测算美国农业国内支持能否满足新一轮农业国内支持削减要求,进而判断美国现行农业国内支持政策对新一轮农业谈判和WTO农业规则改革进程的影响。

1.3.2 内容结构

第1章,绪论。介绍研究的背景、问题、目的与意义,界定"农业国内支持""WTO农业规则""农业国内支持的合规性"等基本概念,介绍本研究的主要思路、内容框架、研究方法、技术路线,以及创新、贡献和不足。

第2章,相关理论基础与文献综述。首先从理论上阐述为什么要对农业国内支持进行规制和如何对农业国内支持进行规制,然后对与本文密切相关的国内外研究文献作简要回顾与评述,从而奠定本文的研究基础,最后提出本文分析框架。

第3章,评价农业国内支持合规性的规则与方法。首先简要梳理WTO农业国内支持规则的形成与发展,然后分别介绍WTO《补贴与反补贴协定》和WTO

《农业协定》对农业国内支持规制的具体内容,最后在此基础上阐述评价农业国内支持合规性的方法。

第4章,美国主要农产品内支持政策演变及重点措施分析。首先按照历史脉络梳理美国农业国内支持政策的演变特征,重点分析《农业协定》生效以后美国对主要政策措施进行改革调整的路径特征,然后对主要支持措施的操作方式及其影响机理进行深入分析。

第5章,合规性分析(一):基于美国通报数据的观测。首先根据美国向WTO提交的农业国内支持通报文件,检查其通报义务的执行情况,然后基于美国通报的国内支持数据,分析美国农业国内支持水平与结构变化情况,检查其"黄箱"综合支持量的削减承诺执行情况。

第6章,合规性分析(二):美国对具体支持措施的通报问题。本章基于对美国通报的具体措施的分析,把没有按照"特定产品支持"进行通报的主要措施的操作方法、影响机理和WTO规则条款对照比较,重点分析美国对主要的农产品支持政策(固定直接补贴、反周期补贴和农作物保险三项措施)的通报存在的问题。

第7章,合规性分析(三):美国不合规通报修正后的TAMS测算与违规案例。根据第6章对不合规通报问题的分析,对不合规通报的具体措施和金额进行修正,根据不同的修正方案对修正后的"黄箱"综合支持总量(TAMS)进行测算,检验每年修正后的TAMS是否超过WTO《农业协定》规定的约束上限。

第8章,合规性分析(四):多哈回合农业国内支持削减方案下美国农业国内支持的合规性及其对WTO农业国内支持规则改革的影响。首先简要梳理多哈农业谈判拟定的《农业减让模式草案(第四稿)》(TN/AG/W4/Rev4)中提出的对美国农业国内支持的削减目标(或称之为美国农业国内支持削减方案);然后利用美国2002—2013年农业国内支持政策的历史数据模拟测算美国在多哈谈判期间实施的农业国内支持能否满足《农业减让模式草案(第四稿)》拟定的削减要求;再用《2014年农业法案》下的农业国内支持预估数据,模拟测算美国现行农业国内支持政策能否满足《农业减让模式草案(第四稿)》拟定的削减要求。据此判断美国农业国内支持政策对新一轮农业谈判和WTO农业国内支持规则改革的影响。

第9章,主要结论与政策启示。总结全文研究的主要结论,进而分析研究结论对中国的主要启示和借鉴意义,并提出相关政策建议。

1.3.3 研究方法

本文从WTO农业规则视角研究美国农业国内支持政策的合规性及其影响,综合运用农业经济理论与政策、国际贸易、国际法学(WTO规则)、国际关系与政治等多学科知识,理论分析、文献考察和会议研讨相结合,采用规范、实证、定性、定量多种研究方法,具体说明如下:

一是会议研讨与调查研究法。(1)笔者有幸多次参加商务部、农业农村部农业贸易促进中心等单位举办的关于美国农业国内支持政策、WTO农业规则、新一轮农业谈判相关问题学术研讨会,研讨会中吸收的思想观点内化为本研究的认知基础。(2)本文研究的对象是美国农业国内支持政策,虽然笔者没有去美国进行实地调研,但笔者有幸跟随导师对中国农业国内支持政策开展了广泛深入的实地调研,在参与导师负责的新疆棉花与东北大豆目标价格补贴政策改革、玉米临时收储政策改革、水稻与小麦最低收购价政策调整等研究项目过程中,赴新疆、江西、湖南、湖北等地的多个市县,与农户、企业、政府主管部门进行了深入座谈。调查研究过程中不仅深化了笔者对农业国内支持政策实践的理解和认识,而且学习到导师从农户、企业、地方政府、中央政府、国际规则等多个层面和多个角度对农业国内支持政策的思考,也让笔者对中国农业国内支持政策受到不平等的WTO规则约束和面对美国的挑战的问题有了更深认识,这不仅构成本文选题背景之一,也为更好地分析美国农业国内支持政策奠定了认知基础。

二是文献研究与理论分析法。(1)本文通过文献研究的方式,对农业国内支持相关概念、农业国内支持政策分类、实施农业国内支持政策的缘由以及为何要对农业国内支持进行规制的相关理论基础等进行阐述、分析、归纳,从而奠定本文研究的概念、范畴和理论基础。(2)本文通过对美国历年农业法案[①]原文的详细查证,对美国农业国内支持政策一手资料的查阅,梳理了美国农业国内支持政策演变的路径,分析了具体政策的操作方式和作用机理,为分析具体措施的"归箱"问题奠定基础。

---

① 美国农业政策是以农业立法的形式颁布的,美国农业法案对具体政策目标、措施操作方式和基本预算拨款等作出了明确规定。

三是历史研究法。历史研究法注重研究对象演变的历史背景和相关历史事件之间的关系。任何具体农业政策的有效性都是有条件的,美国农业国内支持政策是根据历史条件变化动态调整的。所以,本文在分析美国农业国内支持政策历史演变和主要措施作用机理时,并非简单的罗列和叙述,而是注重从历史演变视角把具体政策的分析和特定历史条件相结合,揭示美国农业国内支持政策调整的历史逻辑,并重点分析美国国内农业支持政策调整与WTO规则之间的关系。

四是定性分析法。本文在分析美国具体农业国内支持措施的"归箱"属性时,根据主要政策措施的操作方式及其作用机制和WTO《农业协定》"分箱而治"之规则标准的一致性进行定性分析。

五是定量分析法。本文在定性分析的基础上,广泛应用定量分析。(1)本文基于美国通报的农业国内支持数据,定量分析美国农业国内支持水平与结构、主要产品"黄箱"支持水平,初步检查其扭曲贸易的农业国内支持水平削减情况。(2)利用WTO对农业国内支持"黄箱"综合支持量(AMS)的测度方法与模型,对不合规通报进行修订后的"黄箱"综合支持量(TAMS)进行测算[1]。WTO的农业综合支持量(AMS)测度方法与模型,将在后文详细介绍。(3)本文根据多哈农业谈判拟定的新一轮农业国内支持削减方案——《农业减让模式草案(第四稿)》,分别利用美国《2002年农业法案》《2008年农业法案》实施的农业国内支持政策的历史数据和《2014年农业法案》下的农业国内支持预估数据,模拟试算美国现行农业国内支持削减空间能否满足《农业减让模式草案(第四稿)》拟定的削减要求,判断其对新一轮农业谈判和农业规则改革的影响。

六是比较分析法。比较分析法是本文的最基本研究方法,前面列举的文献研究、历史研究、定性分析、定量分析等都是为比较分析服务的。最终是把这些分析得出的美国农业国内支持的真实情况与WTO规则的要求进行比较,进而判断其合规性。把美国现行农业国内支持政策的实际与新一轮农业谈判设定的削

---

① 一是对美国不合规通报进行修订后的TAMS测算;二是按照多哈农业谈判拟定的新一轮农业国内支持削减方案——《农业减让模式修正草案(第四稿)》,分别利用美国《2002年农业法案》《2008年农业法案》实施的农业国内支持政策的历史数和《2014年农业法案》下的农业国内支持预估数据,对美国的TAMS进行试算。

减目标进行比较,进而判断其对新一轮农业谈判的影响。

1.3.4 技术路线

本文的技术路线如图1-2所示:

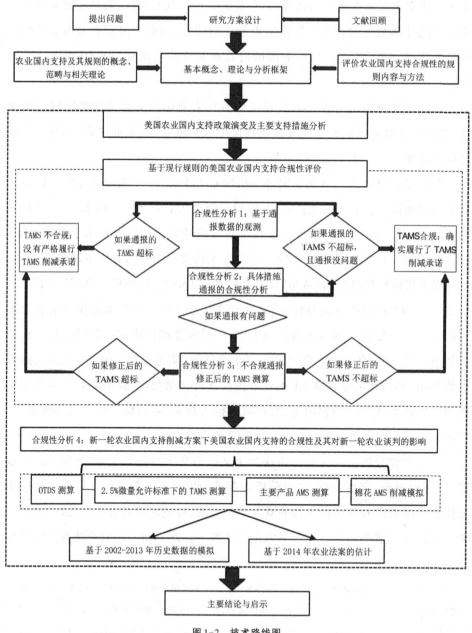

图1-2 技术路线图

1.4 研究创新、贡献与不足

1.4.1 创新之处

本研究具有以下创新性。

一是研究选题视角新颖。(1)国内不乏对美国农业国内支持政策的研究,但主要从美国农业国内支持政策如何支持农业发展和保护农民收入等传统角度研究其经验和启示,本文是国内首次从WTO规则视角对美国农业国内支持政策的合规性进行系统研究。(2)本文综合运用农业经济理论与政策、农产品国际贸易、WTO农业规则(国际法学)、国际关系与政治等多学科理论知识开展交叉学科研究,它拓展了传统农业支持政策研究的边界。(3)已有关于美国农业支持政策的研究多是研究某个单一政策措施、某个农产品的政策措施或某一部农业法案中的政策措施,而本文从历史演变视角把具体政策的分析和特定历史条件相结合,理清了乌拉圭回合《农业协定》生效以来美国农产品国内支持政策演变的逻辑与脉络;从美国历年农业法案原文出发分析了美国主要农产品支持措施的复杂操作机制和不同措施之间的组合关系,注重分析美国农业国内支持政策的系统性。

二是提出WTO规则框架下农业国内支持合规性的概念,构建了WTO规则视角下评价农业国内支持合规性的一般分析框架。(1)以现行WTO农业国支持规则为基础,从通报数据观测、通报问题分析和不合规通报修正后的TAMS测算三个层面,对美国1995—2013年农业国内支持的合规性进行了检验;既发现了美国农业国内支持的违规之处,也总结了美国利用农业保险补贴规避WTO约束的策略。(2)根据多哈回合《农业减让模式草案(第四稿)》中设定的新一轮农业国内支持削减方案,分别基于美国2002—2013年的农业国内支持历史数据和2014年农业法案的国内支持预测数据,对新一轮国内支持削减方案下美国农业国内支持的合规性进行模拟,定量分析了美国在新一轮农业谈判中削减国内支持的让步空间。

三是有一些新的研究发现。(1)已有研究认为美国农业国内支持符合WTO规则,得出这种结论的原因是,已有研究仅从美国通报的数据观测出美国农业国内支持的"黄箱"综合支持量远低于《农业协定》规定的约束上限,但是没有关注美国农业国内支持通报本身存在的问题。本文研究发现,美国通报的方式和数据本身存在不合规的问题;本文深入分析了不合规通报的原因,对不合规通报修正以后重新测算其真实的"黄箱"综合支持总量水平,结果发现美国在1998—2000年,2004—2005年这几个年份的"黄箱"综合支持总量超过了《农业协定》规定的约束上限,得出美国农业国内支持没有完全遵守WTO农业规则的结论。(2)国内很多学者一直以为农业保险补贴是"绿箱"支持措施,本文研究发现,并非所有的农业保险补贴都符合"绿箱"标准和条件。美国大量使用了和特定产品生产、价格等要素双挂钩的"黄箱"保险补贴。

1.4.2 本文贡献

本文对美国农业国内支持合规性研究的结果发现,美国在实施农业国内支持政策及其对农业国内支持政策的通报中所采用的规避WTO规则约束的策略和明显的违规之处,可能为中国采取应对美国指控中国粮食国内支持不合规之挑战的策略提供依据。其中关于WTO规则框架下美国农业国内政策调整对中国的启示,美国2014年农业国内支持政策调整对WTO谈判的影响等部分成果研究获得有关决策部门领导的批示,并在中国参与WTO农业谈判和促进中国农业国内支持政策改革过程中提供了一定参考。

1.4.3 不足之处

由于对千变万化的具体支持措施进行是否合乎《农业协定》规定的"归箱"分类判断是一项复杂的技术过程,并且美国农业国内支持政策极其复杂多样,支持的农产品范围也非常广泛,本文不能对所有政策和所有特定产品的国内支持政策进行详尽分析,本文对美国农业国内支持合规进行的分析只能基于现有的信息获取条件,选择了主要的支持政策措施和主要的农产品进行分析。这可能会造成对美国农业国内支持不合规的分析和检查不充分,即除了本文研究发现的不合规问题之外,还可能有大量的不合规之处没有被研究发现。在未来,如果中国和美国之间在关于农业国内支持政策合规性问题上产生的贸易摩擦进一步升级,那么,中国对美国农业国内支持合规性的研究还需要更加深入。

第2章　相关理论基础与文献综述

本文要从WTO规则视角分析美国农业国内支持政策的合规性及其对新一轮农业谈判的影响。首先要回答两个基本理论问题:(1)WTO对农业国内支持进行规制的理论依据是什么?(2)WTO对农业国内支持进行规制的方法论是什么?然后要明确国内外相关研究进展及其能为本文奠定哪些基础。因此,本章首先从贸易扭曲理论、自由贸易理论出发,论述为什么要对农业国内支持进行规制的逻辑;进而阐述WTO如何对农业国内支持进行规制的理论与方法;然后对与本文密切相关的国内外研究文献做简要回顾与评述,从而奠定本文的研究基础;最后提出本文分析框架。

2.1 理论基础

2.1.1 贸易扭曲理论与农业国内支持政策

"扭曲"(distortion)的经济含义是,在完全开放竞争的自由贸易条件下,经济活动对帕累托最优状态条件的偏离(BHagwati,J.N,1969)。巴格瓦蒂(1969)把经济扭曲分为国际市场扭曲(贸易扭曲)、国内生产扭曲、国内消费扭曲和要素市场扭曲四种类型(王静娴,2014),并指出造成经济扭曲状态的原因,既可能出于经济内部的原因——市场不完全性,也可能是经济政策所致(黄瑞,1990)。美国经济学家罗伯特·鲍德温(1971)用美国经验证明了贸易政策对贸易结构产生"扭曲"效应的观点[1]。此后,国际贸易扭曲理论(Trade distortion Theory)日益流行,主要论述各种阻碍市场机制达到帕累托最优状态的扭曲形式,并提出抵销和矫正这些扭曲,恢复帕累托最优状态的政策建议,其最终目的是要恢复自由贸易的地位(黄瑞,1990; 王静娴,2014)。

---

[1] Baldwin,Robert E.Determinants of the Commodity Structure of U.S. Trade[J]. American Economic Review, 2017,61(1):126-146.

农业国内支持政策的原本目标是矫正国内农业与非农产业之间的经济扭曲（不平衡），提高和稳定农业生产者的收入，从而促进社会公平和保障农产品供给等，而并非有意要扭曲贸易。但是欧美多数国家大量采取价格支持、挂钩直接补贴等方式加大对本国农业生产者的支持，在保护了本国农业生产者利益和保障本国食物自给的同时，也产生了多重外部效应：第一，刺激了生产，导致本国补贴的农产品供给大大超过国内需求，进而形成政府库存积压；第二，为了维持国内农产品价格和处理堆积如山的剩余农产品，不得不大量实施农产品出口补贴，向国际市场倾销农产品，压低了世界农产品价格，给农业落后国家的农业生产者造成福利损失，甚至危及其农业产业安全；第三，发达国家为了维护本国农产品的高价格以保证农民收入和降低国内支持政策的财政成本，各国政府又不得不采取进口农产品市场准入的限制措施，进而导致国际农产品贸易冲突不断升级。所以，农业国内支持一方面造成农产品生产过剩、压低世界农产品价格，另一方面被认为是各国政府实施出口补贴和市场准入限制措施的根源，扭曲了国际农产品市场，阻碍了农产品国际贸易自由化（Amstutz，1984；程国强，1996；王军杰，2012）。

所以，农业国内支持政策并不直接扭曲贸易，农业国内支持政策扭曲贸易的机制是，农业国内支持增强国内生产者竞争优势和激励国内农产品生产（正向扭曲国内生产）进而导致在开放市场条件下国内外农业生产者的不公平竞争和国内外农产品贸易的价格扭曲，即农业国内支持首先是正向扭曲国内生产，进而导致国际贸易扭曲。不同类型的农业国内支持措施的生产激励作用不同，因而贸易扭曲作用大小不同。总体而言，政府一般服务措施因其不针对特定农业生产者和特定农产品，对特定产品生产没有扭曲作用，因此也没有贸易扭曲作用或者只有很小贸易扭曲作用；针对特定农产品的价格支持和挂钩直接补贴措施具有较强生产激励，因而贸易扭曲作用最大。

2.1.2 自由贸易理论与农业国内支持规制

与贸易扭曲理论（Trade distortion Theory）相对应的是自由贸易理论（Free Trade Theory），也称贸易自由化理论（Trade Liberalization Theory）。其理论基础来源于亚当·斯密的绝对优势论和大卫·李嘉图的比较优势。该理论认为，对于一个国家来说，不仅在其具有超过其他国家绝对优势的产品上进行专业生产是有利的,而且在那些具有比较优势的行业进行专业生产也是有利的。通过贸易的互通有无,各国在具有相对较高生产力的领域进行专业化生产,将有助于提高各国的真实财富总量,而比较优势理论所赖以存在的基础又正是亚当·斯密自由市场经济学说。在《国富论》中,斯密对实行经济自由的必要性作了深刻分析,他认为,"经济人"的谋利动机、社会资源的优化配置、国际分工的发展都要求经济自由。亚当·斯密通过发展诺思关于"国际分工"的思想,进一步论证了自由贸易的好处。他认为,正像国内每个生产部门内部和彼此之间存在着分工并且这种分工的发展能够提高劳动生产率一样,国际上不同地域之间也存在着分工,这种国际地域分工通过自由贸易也能促进各国劳动生产力的发展。保罗·萨缪尔森对李嘉图比较利益说的阐释进一步论证了自由贸易带来的种种好处:"最有效率和最富生产性的专业化模式,是个人或国家都集中精力从事相对或比较而言比其他的人或国家效率更高的活动。在自由贸易条件下,当各国集中在其有比较优势的领域进行生产和贸易时,每个国家的情况都会变得比原先要好。与没有贸易的情况相比,各国的劳工专门生产自己具有比较优势的产品并将其与比较劣势的产品相交换时,他们工作同样的劳动时间就能够获得更多的消费品。"自由贸易理论认为一国最佳贸易政策的选择应是自由贸易政策,也即国家对进出口贸易不加干预和限制,允许商品自由输出和输入,在国内外市场自由竞争。

虽然贸易自由化的好处在工业领域很早就被普遍接受,但农业在各国经济中的特殊性决定了农产品贸易自由化进程并不顺利。在各国农业政策中阻碍农产品贸易自由化的政策主要有三类,一是对本国农业进行补贴以增强本国农民的竞争优势和刺激生产,二是限制国外农产品进口以维持国内价格,三是补贴本国农产品出口。其中,因国内经济社会发展和政治需要,农业国内支持政策深深植根于发达国家农业政策之中,所以在乌拉圭回合之前,国际农产品贸易自由化主要集中在削减出口补贴和以关税措施为主的市场准入壁垒方面,而更具根本性的国内支持却没有受到应有重视,也未能就抑制农业保护主义取得实质性成果(程国强,1996;李晓玲,2007;王军杰,2012)。到了20世纪70年代末至80年代,发达国家普遍增加使用价格支持和生产补贴等扭曲贸易的农业国内支持政策;巨额农业补贴[①]误导了资源配置,严重背离了自由贸易和比较优势理论,严重

---

① 本文除特别区分"国内支持""国内补贴"等概念外,"农业补贴"包括国内补贴和出口补贴。

扭曲国际农产品贸易,并对发达国家宏观经济产生严重不利影响,让各国付出了沉重的代价(Robert Wolfe,1998)①。发达国家认识到农业国内支持政策是造成国际农产品贸易扭曲的根源。所以,1986年开始的乌拉圭回合多边贸易谈判中,各谈判方将农业贸易问题确定为本轮谈判的中心议题,并同意将农业国内政策与出口补贴、市场准入一起纳入多边贸易谈判框架之中,致力于通过加强对农业国内支持、出口补贴和市场准入限制的纪律规制,促进各成员农业政策改革,逐步实现"建立一个公平的、以市场为导向的农产品贸易体制"的目标(WTO,1986)。多边贸易谈判之所以要把农业国内支持政策纳入多边贸易规则框架予以规制,其理论依据在于,一方面贸易扭曲理论认为农业国内支持政策扭曲了以市场为导向的国际农产品自由贸易,造成不公平竞争,偏离了自由贸易条件下的帕累托最优状态;另一方面也是因为自由贸易理论在国际农产品贸易领域被广泛接受。对农业国内支持进行规制的根本目的是对潜在贸易扭曲作用较大的农业国内支持政策进行限制,以便促进国际农产品贸易自由化。

2.1.3 WTO农业国内支持措施"归箱"理论

WTO农业国内支持措施"归箱"理论是WTO对农业国内支持进行规制的基本方法论。由于各国农业国内支持政策的特殊性和农业国内支持措施的复杂性,不仅完全消除扭曲贸易的农业国内支持无论在技术上还是在政治上都无法实现,而且对复杂多样的农业国内支持政策进行规制也并不容易。所以《农业协定》制定农业国内支持规则的关键,是通过区分扭曲贸易的国内政策和不扭曲贸易的国内政策,将规制的焦点置于扭曲贸易的措施,并确定规范这类措施的方法(李晓玲,2007),同时允许一定程度的农业国内支持存在,为成员提供根据本国农业具体情况制定农业政策的广泛裁量权(中川淳司,2007)②。因此,《农业协定》规制农业国内支持的方法论是,采用"红灯停、绿灯行、黄灯亮了等一等"的"交通灯"分类管理的办法,首先根据不同国内支持措施潜在贸易扭曲作用的大小,把所有农业国内支持措施分为"黄箱"(Amber Box)、"蓝箱"(Blue Box)和"绿

---

① Robert Wolfe, Farm Wars: The Political Economy of Agriculture and the International Trade Regime, Macmillan Press,1998, p.73.转引自龚宇著《WTO农产品贸易法律制度研究》,厦门大学出版社2005年版,第115页。转引自李晓玲著:《WTO框架下农业补贴纪律研究》,华东政法大学博士论文第10页。

② [日]中川淳司等.国际经济法[M].白巴根,译.北京:北京大学出版社,2007:132页.

箱"(Green Box)，另外设置了"发展箱"作为对发展中成员的差别待遇①，采取"分箱而治"的方式对不同"箱体"的国内支持措施制定不同的纪律。其中，(1)"绿箱"措施(Green Box)，没有或者具有很小贸易扭曲作用，因此不受WTO限制；(2)"黄箱"措施(Amber Box)具有较强或很强贸易扭曲作用，要受到限制，超过"黄箱"上限标准的国内支持水平要被禁止(相当于"红箱"支持)；(3)"蓝箱"措施的本质是为了满足美欧的谈判要求而对"黄箱"措施做的例外规定，把当时欧美大量使用的限产计划下的"黄箱"措施界定为"蓝箱"措施(Blue Box)，认为"蓝箱"(Blue Box)措施的贸易扭曲作用介于"黄箱"措施与"绿箱"措施之间，其支持水平也不受限制；(4)"发展箱"措施(Development Programmes)是为发展中成员和最不发达成员鼓励农业和农村发展提供的直接或间接政府援助而设立的差别待遇，也免于限制和削减。《农业协定》分别制定了"绿箱"措施、"蓝箱"措施和"发展箱"措施的划分标准和条件(将在下一章详细讨论)：凡是不符合"绿箱""蓝箱""发展箱"措施标准和条件的支持措施，都归为"黄箱"措施。所有WTO成员都要按照WTO《农业协定》制定的"归箱"标准条件和对其各种具体农业国内支持措施进行"归箱"分类(如表2-1)，在此基础之上计算不同箱体措施的支持水平，并做出通报，目的是对"黄箱"支持水平进行限制。

表2-1 WTO对主要农业国内支持措施的"归箱"分类

"归箱"分类	基本标准和条件	支持措施的具体类型	具体措施特定标准和条件
"绿箱"	a.所涉支持应通过公共基金供资的政府计划提供(包括放弃的政府税收)，而不涉及来自消费者的转让；且b.所涉支持不得具有对生产者提供价格支持的作用。	1.一般服务支持： a.研究 b.病虫害控制 c.培训服务 d.推广和咨询服务 e.检验服务 f.营销和促销服务 g.基础设施服务 2.用于粮食安全目的的公共储备 3.国内粮食援助 4.对生产者的直接补贴： a.不挂钩的收入支持 b.收入保险和收入安全网计划中政府的资金参与	要求免除削减承诺的所有措施除了应符合"绿箱"基本标准和条件外，《农业协定》附件2还规定了每一项具体措施的特定标准和条件(参见《农业协定》附件2)。

① 各种"箱体"类型下的具体措施将在第2章2.2.1节交代。

续表

"归箱"分类	基本标准和条件	支持措施的具体类型	具体措施特定标准和条件
		c.自然灾害救济补贴 d.通过生产者退休计划提供的结构调整援助 e.通过资源停用计划提供的结构调整援助 f.通过投资援助提供的结构调整援助 g.环境计划下的补贴 h.地区援助计划下的补贴	
"黄箱"	凡是不符合"绿箱""蓝箱"和"发展箱"三类标准和条件的其他国内支持措施都应按照"黄箱"措施对待。	1.基于特定农产品的支持措施： a.市场价格支持 b.不可免除的直接补贴 c.其他不可免除的支持措施 2.非基于特定农产品的支持措施	除"绿箱""蓝箱""发展箱"之外的所有国内支持措施。
"蓝箱"	与限产计划挂钩的直接补贴	按照固定面积和固定单产的直接补贴 按照基期生产水平的85%或以下给予的直接补贴 固定动物数量给予的直接补贴	参见《农业协定》6.5条
"发展箱"	发展中成员为鼓励农业和农村发展提供的直接或间接政府援助	发展中成员中农业可普遍获得的投资补贴 发展中成员低收入或者资源匮乏生产者可普遍获得的农业投入补贴 发展中成员以种植多样化为途径,鼓励停止种植非法麻醉物而给予生产者的国内支持	参见《农业协定》6.2条

资料来源,WTO,《农业协定》;程国强,《WTO农业规则与中国农业发展》中对《农业协定》的译文。

　　表2-1只是从一般层面列出了主要农业国内支持措施的"归箱"分类,而各成员使用的农业国内支持措施的具体名称、操作方式极其复杂,对千变万化的具体农业国内支持措施进行"归箱"分类时并不能直接和表2-1所列举的措施完全对应,而是一个复杂的技术处理过程。农业国内支持措施"归箱"的理论模型如图2-1所示。

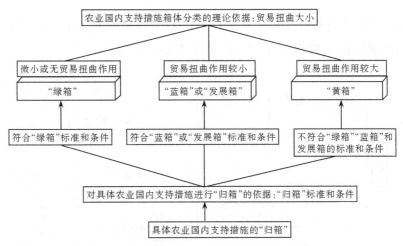

图2-1　　WTO农业国内支持措施"归箱"分类的理论模型

2.1.4 "黄箱"综合支持量(AMS)测度的理论模型与方法

"黄箱"综合支持量(AMS)就是用货币来衡量的超过微量允许标准的"黄箱"措施支持金额。"黄箱"综合支持总量(TAMS)包括所有基于特定的AMS和非基于特定产品的AMS之和,是WTO农业协定要求各成员做出削减承诺的基础。为了对各成员的"黄箱"综合支持量(AMS)进行度量,WTO《农业协定》开发了测度"黄箱"综合支持量(AMS)的方法,其理论模型如图2-2所示。首先要按照上述分类分方法别计算基于特定产品(Product-Specific Support)[①]的"'黄箱'支持量"和非基于特定产品(Non-Product-Specific Support)的"'黄箱'支持量",然后用计算出来的两种"'黄箱'支持量"分别和各自的"微量允许标准"比较;如果计算出来的"'黄箱'支持量"大于"微量允许标准",则将该支持量计入AMS,否则不计入AMS。具体包括以下步骤:

第一,计算特定产品的"黄箱"支持量、微量允许标准和AMS。基于特定产品的"黄箱"支持量等于特定产品的市场价格支持(Market price support)、特定产品不可免于削减的直接补贴(Non-exempt direct payments)和其他不可免于削减的特定产品支持(Other non-exempt product specific support)三种措施支持金额合计。

第二,计算非特定产品的"黄箱"支持量、微量允许标准和AMS。非特定农产

[①]《农业协定》第1条(b)定义的基本农产品,指一成员减让表和其他相关支持材料中列明的尽可能接近第一销售点的农产品。

品的"黄箱"支持量等于所有非基于特定农产品的"黄箱"支持措施(如对生产者提供的灌溉补贴、存储设施补贴等)的支持金额加总。

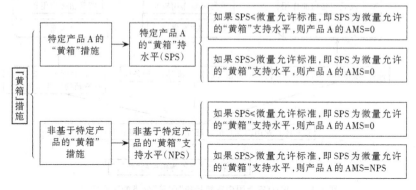

图2-2　测度AMS的理论模型

第三,计算"黄箱"综合支持总量(TAMS)。"黄箱"综合支持总量等于所有特定产品综合支持量之和加上非特定产品综合支持量。

该方法的理论模型可以表示为:

$$TAMS=\Sigma(AMS_{spi})+AMS_{np}$$

式中,TAMS表示综合支持量总量,AMS_{spi}为特定产品i的综合支持量,$\Sigma(AMS_{spi})$为所有特定产品综合支持量之和,AMS_n为非特定产品综合支持量,sp指特定产品(或基于特定产品),i表示产品,np指基于非特定产品。

2.1.4.1 特定产品综合支持量(AMS_{spi})计算方法

特定产品综合支持量(AMS_{spi})具体计算方法如表2-2所示。包括计算特定产品市场价格支持、不可免除的直接补贴、其他基于特定产品的补贴金额,具体计算规则见表2-3。其中,在计算基期特定产品综合支持量(AMS_{spi})时,如果特定产品价格支持无法计算,则应计算特定产品支持等值代替(特定产品支持等值计算见《农业协定》附件4)。

表2-2　特定产品AMS计算步骤与方法

基于特定产品的(Product - Specific Support)的AMS计算				
市场价格支持(MPS)	不可免除的直接补贴(SUB)	其他基于特定产品的补贴(OSUB)	特定产品"黄箱"支持水平(SPS= MPS + SUB + OSUB)	特定产品综合支持量(AMS_{spi})

基于特定产品的(Product - Specific Support)的 AMS 计算					
产品 1	MPS_{sp1}	SUB_{sp1}	$OSUB_{sp1}$	SPS_1	如果 SPS_i 大于特定产品微量允许标准,则 $AMS_{pi}=SPS_i$; 如果 SPS_i 小于等于特定产品微量允许标准,则 $AMS_{pi}=0$。(pi 表示第 i 种产品,$i=1,2,3,\cdots\cdots n$)
产品 2	MPS_{sp2}	SUB_{sp2}	$OSUB_{sp2}$	SPS_2	
产品 3	MPS_{sp3}	SUB_{sp3}	$OSUB_{sp3}$	SPS_3	
……	……	……	……	……	
产品 n	MPS_{spn}	SUB_{spn}	$OSUB_{spn}$	SPS_n	
所有特定产品的 AMS 合计					$\Sigma(AMS_{spi})$,(i 表示第 i 中产品,$i=1,2,3,\cdots\cdots n$)

资料来源:作者根据《农业协定》附件3以及美国农业国内支持WTO通报表归纳整理。

表2-3　特定产品AMS计算规则

特定产品"黄箱"支持措施	支持金额计算细则
市场价格支持	固定外部参考价与适用的管理价格之间的差额乘以有资格接受管理价格的产量。为维持这一价差的预算支出,如购进和存储费用不计入AMS。固定外部参考价应以1986—1988年为基期,净出口国为该产品的平均离岸价,净进口国为该产品的平均到岸价,可根据质量差价对固定外部参考价进行调整。基期特定产品市场价格支持金额无法计算时,则应用特定产品支持等值代替(支持等值计算见《农业协定》附件4)。
不可免于削减的直接补贴	①如果是差价补贴,则补贴金额应为1986—1988年为基期确定的实际价格和目标价格(管理价格)之间的差额乘以有资格获得差价补贴的产量。或者用补贴的预算支出衡量。②如果是差价补贴以外的直接补贴,则用预算支出衡量。
其他不可免于削减的特定产品支持	用补贴项目的政府预算支出衡量,如果政府预算支出不能完全反应有关补贴的情况,则计算补贴的基础应为生产者实际支付的补贴货物、服务的价格与类似的货物、服务有代表性的市场价格之间的差额乘以补贴货物、服务的数量。

资料来源:作者根据《农业协定》附件3归纳整理。

根据表2-2和表2-3可知,特定产品"黄箱"支持量=(国内价格-世界市场固定参考价)×符合特定产品标准的商品量+基于特定产品提供的所有不可免于削减的直接补贴+基于特定产品的所有其他不可免于削减的补贴。

即,$SPS_i=MPS_{spi}+\Sigma(SUB_{ij})+\Sigma(OSUB_{ik})=(Pd-Pw)\times Q_{spi}+\Sigma(SUB_{ij})+\Sigma(OSUB_{ik})$

式中,SPS_i 表示特定产品 i 的"黄箱"支持量,MPS_{spi} 为产品 i 的市场价格支持量,$\Sigma(SUB_{ij})$ 是给特定产品 i 提供的各种不可免于削减的国内直接补贴(subsides)之和,j 为特定产品不可免于削减的直接补贴项目,$\Sigma(OSUB_{ik})$ 是给特定产品 i 提供的各种不可免于削减的其他补贴(other subsides)之和,k 为特定产品不可免于削减的其他补贴项目，P_d为国内价格(政府保护或收购价)，P_u为世界市场固定价格(净进口国用到岸价，净出口国用离岸价)，Q为特定产品数量，spi指特定产品，i表示产品。

如果SPS_i大于特定产品微量允许标准，则$AMS_{spi}=PS_i$；

如果SPS_i小于等于特定产品微量允许标准，则$AMS_{spi}=0$。

2.1.4.2 非特定产品综合支持量(AMS_{np})计算方法

非特定产品"黄箱"支持量(NPS)等于不按特定产品给生产者提供的所有"黄箱"补贴总和。非特定产品综合支持量(AMS_{np})的计算步骤如表2-4所示。其计算表达式如下：

即，$NPS_{np}=\Sigma(SUB_{nph})$

式中，np指基于非特定产品，SUB_{np}为非基于特定产品提供的"黄箱"补贴，h为非特定产品补贴项目。

如果NPS大于非特定产品微量允许标准，则 $AMS_{np}=NPS$；

如果NPS小于等于非特定产品微量允许标准，则$AMS_{np}=0$

表2-4　非基于特定产品的AMS计算程序

支持措施1的支持金额	支持措施2的支持金额	……	支持措施h的支持金额	非特定产品"黄箱"支持水平(NPS)	非特定产品综合支持量(AMSnp)
SUB_{np1}	SUB_{np2}	……	SUB_{nph}	NPS=$\Sigma(SUB_{nph})$，h=1,2,……	如果NPS大于非特定产品微量允许标准，则$AMS_{np}=NPS$；如果NPS小于等于非特定产品微量允许标准，则$AMS_{np}=0$。

资料来源：作者根据《农业协定》附件3以及美国农业国内支持WTO通报表归纳整理。

2.2 文献综述

本文研究的核心问题是从WTO规则视角对美国农业国内支持的合规性及其影响进行分析。从现有研究文献来看，与本文选题密切相关的研究主要有以下四个方面：一是对WTO成员农业国内支持及其通报合规性的研究；二对WTO规则框架下美国农业国内支持政策改革调整的研究；三是关于美国对主要农业国内支持措施的"归箱"与WTO农业规则一致性的讨论；四是关于美国农业国内支持政策对新一轮WTO农业谈判之影响的研究。

2.2.1 对主要成员农业国内支持通报合规性的有关分析

虽然WTO制定了规制各成员农业国内支持的多边规则,但对规则遵守情况的监督非常困难。因为各成员是否遵守了规则,主要根据各成员向WTO提交的农业国内支持通报来判断。各成员对WTO农业国内支持规则的执行情况一方面靠成员国的自觉遵守,另一方面依赖于WTO农业委员会和成员国之间的相互监督,这难免造成很多成员会存在虚假通报的情况,以规避WTO纪律的约束,却很难被发现。这就需要对成员国农业国内支持及其通报的合规性进行深入分析。但遗憾的是,由于此类研究多涉及国家秘密和国际关系,所以这方面的公开研究资料并不多;在能够搜索到的文献中,仅发现国际食物政策研究所(IFPRI)在2008年、2009年分别对WTO主要成员的农业国内支持通报进行了比较系统但不深入的考察;IFPRI的研究报告指出,美国、欧盟、日本、巴西、印度、中国、菲律宾、挪威等成员的农业国内支持通报存在隐藏国内支持的情况,不符合WTO规则。其中,David Blandford and David Orden(2008)在简要回顾自《农业协定》生效以来美国农业国内支持演变的基础上,考察了美国向WTO提交的1995—2005年的国内支持通报,然后从WTO国内支持规则视角检查了美国农业国内支持对《农业协定》的遵守情况。该研究指出,虽然美国通报的AMS总量没有超过乌拉圭回合承诺的约束上限,但如果把美国原本按照"绿箱"通报的固定直接补贴金额纳入"黄箱"AMS计算,有几年的AMS总量可能超过约束上限。同时他进一步探讨了包括联邦农业税收抵免、乙醇生产相关补贴等补贴措施可能存在低估、"归箱"错误、隐瞒漏报的情况。Tim Josling 和 Alan Swinbank(2008)在简要介绍了欧盟农业国内支持政策的基础上,考察了欧盟1995—2006年的农业国内支持通报,分析欧盟农业国内支持及其通报与WTO规则的一致性。该研究指出欧盟自1992年对其共同农业政策(CAP)做了重大改革,改为不要求生产的脱钩直接补贴,从而使得原本属于"蓝箱"的补贴措施转为了"绿箱"补贴措施。Tim Josling 和 Alan Swinbank利用2003/04—2006/07欧盟官方的农业支持相关统计数据对欧盟的农业国内支持措施重新进行"归箱"和AMS计算,结果发现欧盟的农业国内支持通报存在隐藏"黄箱"农业国内支持的问题,并对欧盟的脱钩补贴是否符合"绿箱"标准提出质疑。Yoshihisa Godo 和 Daisuke Takahashi(2008)在详细介绍了日本大米支持政策演变及其在2007年政策改革的基础上,考察了日本的农业国内支持通报与WTO规则的一致性。该研究指出,虽然日本根据WTO补贴脱钩化的原则于2007年宣布启动了广泛的农业国内支持政策改革,但实际上既没有大幅减少"黄箱"支持,也没有降低对贸易的扭曲作用。Andre M. Nassar 和 Diego Ures(2009)考察了巴西农业国内支持通报的合规性,重点讨论了巴西实施的基于特定产品的收入支持计划、债务延期计划和生物能源支持计划等主要措施的支出可能存在不符合WTO规则的情况。Gopinath 和 Munisamy(2008),Cororaton 和 Caesar B(2008),Gaasland Ivar, Garcia Robert 和 Vardal Erling(2008),Fuzhi Cheng(2008)分别对印度、菲律宾、挪威的农业国内支持及其通报与WTO规则的一致性进行了考察,分析认为上述WTO成员都不同程度存在隐蔽农业国内支持通报的问题。此外,日本山形大学的金成(2015)考察了美国1995—2010年的农业国内支持通报,检查了美国对具体措施通报的"归箱"分类与WTO规则的一致性,在此基础上分析了美国对现行WTO农业国内支持规则的态度,并讨论了现行WTO农业国内支持规则本身存在的问题。

值得注意的是,美国贸易代表办公室(USTR)自中国加入WTO以来,一直都在跟踪研究中国贸易政策的WTO规则合规性(China's WTO Compliance),其中也包括对中国农业国内支持合规性问题的关注。美国在2016年9月13日,就针对中国的农业国内支持向WTO提起世贸组织争端解决机制下的磋商请求,指控中国对玉米、稻谷、小麦的支持违反WTO规定(WTO,2016)[①];2016年12月15日,美国在WTO继续向中国发难,指称中国稻米、小麦和玉米的进口关税配额(TRQ)使用不充分,指称中国政府这项计划违反了其WTO承诺,损及美国农业出口(WTO,2016)[②]。这些指控正是基于美国贸易代表办公室(USTR)对中国农业政策合规性的研究(参见 USTR's report to congress on China's WTO compliance,2002,2004,2010,2014 等)。与此形成鲜明对比的是,中国对美国贸易政策的WTO合规性研究甚少,对美国农业国内支持的合规性更是没有研究。

2.2.2 对美国重要支持措施"归箱"分类问题的相关讨论

美国和欧盟主导的乌拉圭回合谈判所达成的《农业协定》,对农业国内支持采取"分箱而治"的办法,对不同箱体的支持措施予以不同的规制和约束,其中只

---

① 来源于WTO网站:https://www.wto.org/english/tratop_e/dispu_e/cases_e/ds511_e.htm.

② 来源于WTO网站:https://www.wto.org/english/tratop_e/dispu_e/cases_e/ds517_e.htm.

有"黄箱"措施的支持水平要受到限制和削减,"绿箱"措施、"蓝箱"措施免于限制和削减。由于对千变万化的具体农业国内支持措施进行"归箱"分类是一个复杂的技术处理过程,对其监督比较困难。这就给有条件选择不同政策措施的发达成员提供了规避WTO规则约束的"空子"(王军杰,2012;金成,2015;末启一郎,2017),即WTO成员在向WTO通报其农业国内支持时存在不按规则"归箱"以隐瞒、规避WTO"黄箱"支持上限的约束的情况。比如Sumner(2005)以美国棉花补贴政策为例分析了美国农业政策"归箱"与WTO义务的冲突。在关于美国农业国内支持及其通报合规性的研究和有关美国国内支持的农产品贸易争端案件中,已经发现,美国把一些本应属于"黄箱"的重要支持措施按照"绿箱"进行归类,把一些本应属于基于特定产品支持的重要"黄箱"措施按照非特定产品支持进行分类,以达到规避WTO"黄箱"补贴上限约束的目的。其中讨论的主要支持措施包括:一是脱钩直接补贴(Decoupled Payments),如美国1996—2001年实施的生产灵活性合同补贴(Production Flexibility Contract Payments,简称PFCP)、1998—2001年实施的农产品市场变动补贴(Agricultural Market Transition Act,简称AMTA payments)和2002—2014年实施的固定直接补贴(Fixed Direct payments,简称FDP);二是半脱钩的差额直接补贴,主要是2002—2013年实施的反周期补贴(Counter-Cyclical Payments,简称CCP);三是作物保险补贴;四是作物灾害援助补贴;五是生物能源补贴等支持措施(David Blandford and David Orden,2008)。

关于脱钩补贴是否符合"绿箱"标准的讨论是最多的。由于《农业协定》国内支持规则允许适用符合"绿箱"标准的脱钩补贴,换言之,只有符合"绿箱"标准的脱钩补贴才不会受到补贴限制。美国自其《1996年农业法案》实施开始,以WTO规则为导向,对其农业国内支持政策进行了改革调整,大量使用所谓的脱钩补贴寻求"绿箱"的庇护(Orden et al.,1999;左晖,2004;齐皓天等,2016)。美国1996—2001年实施的生产灵活性合同补贴(PFCP)、1998—2001年实施的农产品市场变动补贴(AMTA payments)和2002—2014年实施的固定直接补贴(FDP)名义上都是基于历史基期的面积和单产的支付,对当期产量没有要求,被认为是和生产决策脱钩的补贴(Goodwin and Mishra,2006)。但是美国这些名义上的脱钩补贴是否真正和生产脱钩了,引起了学术界和WTO争端裁定机构的广泛讨论。讨论的焦点是脱钩补贴到底会不会扭曲农产品生产,因为《农业协定》对农业国内支持予以规制的目的是促进各成员改革农业国内支持政策,让补贴与生产脱钩,从而减轻对国际贸易的扭曲。如果美国的脱钩补贴确实不扭曲农产品生产,则说明确实和生产脱钩了,可以归为"绿箱"免于削减。如果补贴刺激了生产,则说明实际没有和生产脱钩,则不能按照"绿箱"措施对待,应该纳入"黄箱"予以限制。因此学术界对美国脱钩补贴是否扭曲生产展开了大量的理论分析和实证研究。

其中关于脱钩补贴对农产品生产影响的路径和机制的分析已经非常深入,也已经被广泛认可,主要包括以下几个方面:(1)认为脱钩的固定直接补贴增加了农户财富、降低了农户收入波动的风险系数,通过财富效应(wealth effect)和保险效应(insurance effect)影响生产决策(Hennessy 1998; Sckokai and Moro 2006);(2)认为脱钩的固定直接补贴改善了农户的信贷约束(credit con-straints),从而影响生产决策(Roe, Somwaru, Diao 2003; Goodwin and Mishra 2006);(3)认为脱钩的固定直接补贴通过影响家庭的消费、储蓄、投资和劳动/休闲选择间接影响生产决策(El-Osta, Mishra, and Ahearn 2004; Ahearn, El-Osta, and Dewbre 2006);(4)因为固定直接补贴政策虽然对特定产品产量没有要求,但是要以保证生产任意一组规定的作物为前提,所以脱钩的固定直接补贴会通过增加土地价值和租金的路径激励农户保持土地的农业用途(Goodwin, Mishra, Ortalo-Magné 2003; Goodwin, Mishra, Ortalo-Magné 2003; Roberts, Kirwan, Hopkins, 2003);(5)由于美国新农业法案对固定直接补贴的基期面积和单产进行了更新,所以有人认为这会改变农户对下一次农业法案更新补贴的基础面积和单产数据的预期,从而影响现期的生产决策(Sumner 2003; Abler and Blandford, 2005; Mc Intosh, Shogren, Dohlman 2007; Coble, Miller, Hudson, 2008)。在实证研究方面,Burfisher 和 Hop-kins(2003)分析认为,美国自1996年以来实施的脱钩的生产灵活性合同补贴(PFCP)对生产只有很小的扭曲作用(with minimal distortion of production),因为他认为脱钩补贴款项一次性支付给家庭,他们不直接影响接受者的资源配置和生产水平,只是增加了接受补贴者家庭的收入和财富,影响家庭的消费、储蓄、投资和劳动/休闲选择。Goodwin 和 Mishra(2006)利用农场层面的数据用实证的方法对农产品市场变动补贴(AMTA payments)的生产扭曲作用进行了估计,结果显示 AMTA payments 对生产的扭曲作用在统计上非常显著,但他同时强调实际扭曲作用在经济学意义上比较中性。Bhaskar 和 Beghin(2010)运用动态规划模型,分析了美国农业法案允许农民更新固定直接补贴的基期面积和单产数据所产生的预期效应对生产决策的影响。认为如果农民预期政府在下一部农业法案更新固定直接补贴的面积,则现在的最优选择是会增加种植面积。Jeremy G. Weber and Nigel Key(2012)在综述分析脱钩补贴对农产品生产影响的路径和机制的基础上,实证分析了脱钩补贴对油籽(oilseed)产量的影响。他们指出,脱钩补贴主要是通过改变风险(risk)、信贷约束(credit constraints)、劳动参与率(labor participation)、期望(expectation)等四种主要路径对产量进行影响。作者用 OLS 方法估计的结果显示,2002—2007 年间脱钩补贴对油籽产量的影响较为显著。代表美国利益的美国学者认为脱钩补贴对生产没有或只有很小扭曲作用,暂不讨论其是否严格遵守了学术研究的客观性,其政治意图只有一个,那就是为美国大量实施的脱钩补贴寻求"绿箱"庇护做辩解。由于美国自己解释其适用脱钩补贴对生产没有或只有很小的扭曲作用,所以美国一直把这类措施(包括生产灵活性合同补贴、固定直接补贴)归为"绿箱"。

与代表美国利益的美国学者认为脱钩补贴对生产没有或只有很小扭曲作用相比,第三方国际组织和 WTO 其他成员对美国脱钩补贴的生产扭曲作用的研究结论也许更加客观,比如 IFPRI 的 David Blandford 和 David Orden(2008)认为美国的脱钩补贴并没有和生产完全脱钩,应该纳入"黄箱"AMS 计算。巴西 2002 年在向 WTO 起诉美国棉花补贴违规时,提供了大量的调查数据,证明美国给予陆地棉生产者所谓的脱钩补贴,85%以上都补给了实际生产者,刺激了美国棉花生产,压低了世界棉花价格,对巴西等出口棉花的发展中成员造成了贸易损害(韩一军、柯炳生,2004;王琛,2005;李鹊,2007)。Sumner(2005)根据美国通报的数据,把 1996—2001 年的生产灵活性补贴、2002—2005 年的固定直接补贴按照非基于特定产品支持进行重新"归箱"分类,结果发现重新计算的非特定产品"黄箱"支持量在 2000 年、2001 年均超过了其农业总产值的 5%(超过微量允许)。

除了对脱钩补贴与 WTO"绿箱"规则一致性的讨论,关于美国对反周期补贴(CCP)和农业保险补贴的"归箱"通报问题也引起了反补贴成员的关注。巴西 2002 年在向 WTO 起诉美国棉花补贴违规时,也提供了大量的调查数据,证明了美国给予陆地棉生产者的反周期补贴和固定直接补贴一样,并没有和陆地棉生产脱钩,85%以上都补给了实际生产者(韩一军、柯炳生,2004;王琛,2005;李鹊,2007)。Sumner(2003)在分析美国《2002年农业法案》对新一轮WTO农业谈判的影响时指出,美国《2002年农业法案》新增加的按照基期产量支付的反周期补贴(CCP),允许农户更新补贴的基期面积和产量,预期的农业补贴会激励农民当前种植决策,并且反周期补贴和特定产品价格挂钩,会刺激特定作物生产。关于美国不断增加的保险补贴,已经引起一些学者的关注。美国大量使用和特定产品挂钩的"黄箱"保险补贴,但在通报时却按照"绿箱"或是"基于非特定产品支持"进行"归箱",并已经在国际贸易争端和国内反补贴调查案件中遭到挑战(Schnepf,2005,2010,2014)。随着各国农业国内支持政策越来越多的转向保险补贴,并屡次引发贸易争端,农业保险补贴的"归箱"问题也引起了学界的关注:比如IFPRI的Joseph W. Glauber(2015)在一份长达40页的关于农业保险和WTO的研究报告(Agricultural Insurance and the World Trade Organization)中指出,许多发达国家采用的农作物保险和特定产品产量、价格等要素挂钩,但却没有在"黄箱"中进行通报;作者以美国的小麦、棉花、玉米、大豆为例,如果把保费补贴都纳入这些产品的"黄箱"AMS计算,则这些产品在很多年份的支持水平就远超出微量允许水平。

此外,David Blandford和David Orden(2008)考察了美国向WTO提交的1995—2005年的国内支持通报。他分析指出,美国除了对生产灵活性合同补贴、固定直接补贴、反周期补贴的"归箱"分类可能存在问题外,对灾害援助补贴、联邦农业税收减免、作物保险补贴、农业灌溉和电力补贴、乙醇加工原料补贴等支持措施的通报也可能存在金额低估、"归箱"错误、隐瞒漏报等情况。

2.2.3 对美国农业国内支持政策与新一轮WTO农业谈判的相关研究

WTO新一轮农业谈判——多哈农业谈判,于2000年启动,原计划于2005年结束的谈判,但屡陷困境,至今未果。其中的原因既有发达国家成员和发展国家中成员的尖锐矛盾,也有农产品进口国和出口国的根本冲突,还有老成员和新成员的利益博弈,以及WTO"一揽子"谈判机制和谈判利益方"组团化"增加了谈判的复杂性和不确定性(李岳云、张晓蓉,2010;朱满德、程国强,2011)。但不可忽视,作为多哈农业谈判的主导力量之一,美国是《农业协定》的利益既得者,缺乏推动多边谈判意愿也是重要原因之一(朱满德、李辛一、程国强,2016)。美国在

WTO农业规则谈判中发挥主导作用,美国农业国内支持政策立法决定了美国对新一轮农业谈判的态度,很大程度影响着WTO多边谈判的发展趋势,同时美国农业国内支持政策调整也会受到WTO相关规则的制约(陈阵,2009)。所以国内外关于美国农业国内支持政策与新一轮农业谈判之间相互关系的研究颇为丰富。

Dobson(1999)认为,美国农业与美国其他的经济部门不同,美国农业对出口更加依赖。美国的农业是资本密集、出口依赖和利益敏感的部门。尤其是出口依存度,美国每4美元的农业产出中就有1美元用于出口。美国农产品贸易政策目的是为美国的农产品寻找国外市场,并要求贸易伙伴遵守WTO贸易争端下的协议。美国努力争取更广泛的农产品市场准入,削减欧盟的出口补贴,以及国有贸易的透明性。所以在多哈农业谈判启动前夕,美国为了提高其谈判要价,不仅没有进一步削减农业国内支持,反而从1999开始大幅增加"黄箱"支持水平。Hart and Babcock(2001)分析和评价了美国国内支持政策是否适合WTO规则的要求,认为扩大农产品贸易是美国和全球的利益。美国农业政策设计的方向是,通过削减贸易扭曲的国内支持政策,政府允许农业生产者以市场和环境变化进行生产决策,将扩大农业部门的发展机会,同时也兼顾到粮食安全和环境的考虑,消费者也可以从有竞争力的价格中获取利益。美国颁布的《2002年农业法案》继续增加了农业补贴支出。Crummett(2002)认为美国《2002年农业法案》不但可能通过补贴国内和出口市场价格而给加拿大农民带来伤害,而且也是自由贸易的倒退,将破坏农产品和非农产品贸易的环境。他认为美国《2002年农业法案》对农产品贸易的潜在影响表明,推动自由贸易不仅在于取消贸易壁垒,而且在于取消农业补贴。Kruse(2003)评价了《2002年农业法案》对美国农产品生产,农业政策和世界贸易的影响;认为如果世界农产品产量持续扩大,世界农产品价格水平持续低迷,美国生产者因为受到贷款利率的保护将会继续扩大生产。这会让竞争者感到更大的价格压力,最富有的国家将会受到最好的保护,更重要的是美国很有可能违反WTO规定的补贴限制。Sumner(2003)详细分析了美国《2002年农业法案》对WTO新一轮农业谈判的影响,他指出,《2002年农业法案》新增了很多支持措施都是对生产有刺激作用的。虽然美国在避免明显的违背WTO补贴限制方面具有一定灵活性,但尽管如此,美国《2002年农业法案》没有任何措施来降低刺激生产的农业国内补贴,从而将很难接受在新一轮谈判中削减扭曲贸易的国内支持调整。佟福全(2002)、陈锡文(2003)、陈富桥(2003)从《2002年农业法案》的形成背景、主要内容、对美国农业及农产品贸易的作用效果,及其对WTO多哈回合谈判前景的影响进行了深入的探讨;认为美国《2002年农场法案》提高了对农业的保护,扭曲了农产品贸易,是近10年来世界农产品自由贸易发展趋势的倒退,对WTO多哈回合谈判造成了极大的负面影响,并将大大延长谈判的达成期限,对中国农产品市场也会造成一定程度的冲击。Nair et al.(2005)指出,多哈农业谈判给美国农业国内政策改革创造了机遇,美国应该以多哈农业谈判为契机推动农业国内政策改革。Martin and Anderson(2007)对WTO多哈回合农产品贸易谈判中最具争议的四个领域进行了研究:国内支持、市场准入和出口补贴的相对重要性;敏感产品的例外问题;发展中国家寻求特殊产品对待;拟议中的特别保障机制。这些领域的改革对重启多哈回合谈判以及达成新的农业协议至关重要,作者对新一轮谈判达成有效成果保持了谨慎的乐观态度。Thompson(2005)详细分析了多哈农业谈判、巴西诉美国棉花补贴案对美国农业国内支持政策改革产生的影响,进而预测了美国《2007年农业法案》对农业国内支持政策改革的前景。遗憾的是,美国最终颁布的《2008年农业法案》并没有对农业国内支持政策做出有成效的改革,而且继续增加了和生产挂钩的农业国内支持措施。Bank(2009)分析美国《2008年农业法案》对WTO农业谈判的影响时指出,多哈回合谈判陷入僵局的主要困难在于农业补贴削减问题达不成共识。因为美国《2008年农业法案》保留了《2002年农业法案》扭曲贸易的补贴措施,其中一些被世贸组织争端解决机构所谴责。他认为美国《2008年农业法案》的政策不符合新一轮农业谈判的要求,结果会使得新一轮农业谈判更加困难,而且还会加剧其他国家与美国在国际农产品贸易市场的恶性竞争。美国是世界农业大国和农产品出口大国,一方面联手发达成员对发展中成员施压,要求发展中成员实质性改善市场准入条件;一方面却试图维持自身对国内农业的高额补贴。美国拒绝接受新一轮农业国内支持削减方案被认为是多哈回合农业谈判陷入僵局的主要根源(刘昌黎,2008;陈宝森,2008;卫延朝,2008;董银果、尚慧琴,2011;朱满德、程国强,2011;毛易,2011)。陈阵(2009)分析了美国的农业补贴政策受到WTO成员的批评甚至引致了贸易争端的案例。认为美国农产品贸易政策通过增加补贴,影响了其他国家的农产品出口,也对农产品进口国的农业生产造成冲击。因此,美国农产品贸易政策需要进行改革,但在农业利益集团保持政治影响力的形势下,美国农产品贸易政策改革的趋势仍不容乐观。美国在WTO农产品贸易谈判中,坚持削减自身的农业补贴要以其他国家扩大市场准入为条件。而美国农场法案增加补贴致使美国受到了WTO成员的批评,巴西通过WTO贸易争端解决机制诉美国的棉花补贴,为美国的农产品贸易政策调整增加压力。在WTO多边贸易谈判进展缓慢的同时,美国积极开展区域和双边自由贸易协定,其目的是扩大其他其员农产品市场准入,同时避免在FTA谈判中涉及农业补贴问题。从《1996年农业法案》到2002年、2008年的农业法案,再到《2014年农业法案》,美国农业国内支持政策从自由化改革转向增加补贴和保护,对世界其他国家的农业及农产品贸易产生的负面影响,阻碍了WTO多边贸易谈判和世界农产品贸易自由化的进程。因此,深入分析美国农业国内支持对WTO规则的遵守情况,及其对新一轮农业谈判的影响是值得关注的问题,也是本文研究的重点。

2.2.4 对现有研究的简要总结与评述

总体来看,从WTO规则视角对美国农业国内支持政策的研究,国外研究较多,而国内研究较少,尤其是对美国农业国内支持合规性的研究目前在国内几乎还是空白。这反映了国内农业政策研究者缺乏对农业政策相关国际规则的应有关注。中国农业国内支持正面临日益趋紧的WTO规则约束和美国不怀好意的挑战,迫切需要加强这方面的研究,而现有国外相关研究为本文的进一步研究奠定了良好基础。

第一,现有关于WTO规则视角下农业国内支持的合规性研究发现,许多WTO成员确实存在没有严格遵守WTO农业国内支持规则的问题,主要表现为对具体措施通报的"归箱"分类不符合《农业协定》制定的WTO农业国内支持"归箱"规则,进而导致计算的"黄箱"支持水平低于真实水平,以达到规避"黄箱"支持上限约束的目的。部分国外研究者已经关注到美国农业国内支持及其通报中可能存在的问题,其中,美国作为"绿箱"进行通报的脱钩补贴是否符合"绿箱"标准和条件是学界讨论最多的措施之一。但现有研究还存在需要进一步深入的两个方面:一是现有研究主要是针美国《2002年农业法案》下国内支持措施的分析,

2008年多哈农业谈判陷入僵局以后,美国农业政策已经在《2008年农业法案》和最近的《2014年农业法案》做了两次调整,2008年以后的相关研究比较缺乏;二是现有研究虽有对美国主要国内支持措施的"归箱"不合规问题展开讨论,但没有进一步按照正确的"归箱"对真实的"黄箱"AMS总量进行重新测算,从而很难判断美国真实的"黄箱"综合支持总量(TAMS)是否超过WTO规定的约束上限。这两个方面正是本文要进一步研究的重要内容。

第二,关于美国农业国内支持政策与WTO新一轮农业谈判的研究,比较一致的认识是美国受制于国内农业法案,而拒绝接受新一轮农业国内支持削减方案,这被认为是多哈回合农业谈判陷入僵局的主要根源。但这一结论是基于美国2002年、2008的年农业法案和新一轮农业国内支持削减方案的分析。2013年12月在巴厘岛举行的第九届部长级会议上达成了世贸组织成立18年以来的首份全球性贸易协议——《巴厘一揽子协议》,并推动多哈回合进入"后巴厘"谈判阶段。2014年美国颁布了新农业法案,对其农业国内支持政策做了调整,新农业法案下的农业国内支持政策是否存在违反现行WTO规则的风险,又是否能够满足新一轮农业谈判拟定的农业国内支持削减要求,将对"后巴厘"农业谈判产生怎样的影响,中国对此应采取怎样的应对策略,这些问题有待进一步研究,这也正是本文要研究的重要内容。

2.3 本文分析框架

本文研究的核心问题,一是在现行WTO农业规则框架下对美国农业国内支持的合规性进行检查;二是在新一轮农业谈判拟定的农业国内支持削减方案下,对美国现行农业国内支持政策的合规性进行预判,进而分析其对新一轮农业谈判的影响。基本分析框架如图2-3所示。

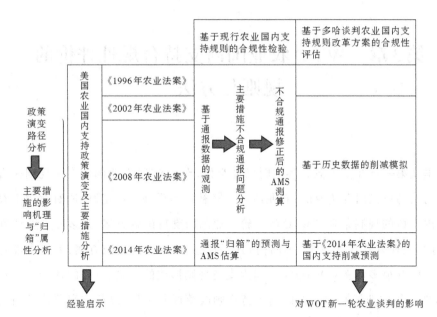

图 2-3　本文分析框架

第3章 WTO农业国内支持合规性评价的规则与方法

本文第一章在基本概念界定时已经交代,现行WTO农业国内支持规则一直沿用的是乌拉圭回合达成的《农业协定》和《补贴与反补贴协定》中所有适用于农业国内支持的规制条款。"WTO新一轮农业国内支持削减方案"是多哈农业谈判拟定的《农业减让模式草案(第四稿)》中的农业国内支持削减方案,但一直没有生效。已有很多学者对WTO农业国内支持规则形成的背景、过程的评价以及对WTO新一轮农业谈判中农业国内支持规则改革谈判历程、改革方案评估等问题做了广泛而深入的研究(程国强,1994–2011;崔卫杰,2007;武拉平,程杰2008;朱满德,2011;等),所以本章不详细讨论这些问题。本章仅根据本文研究需要,在对现行WTO农业国内支持规则和"WTO新一轮农业国内支持削减方案"的内容做系统阐述;在此基础上,提出评价农业国内支持合规性的具体方法,为后文分析奠定基础。

3.1《补贴与反补贴协定》与农业国内补贴

3.1.1《补贴与反补贴协定》中的一般补贴纪律

《补贴与反补贴协定》是对《1994年关贸总协定》(GATT1994)中反补贴税与补贴措施纪律条款的具体化。《补贴与反补贴协定》把所有"补贴"分为两个类别:(1)禁止性补贴(红色),这类补贴严重扭曲贸易,包括出口补贴和进口替代补贴(进口替代补贴包括国内补贴);(2)非禁止但可以采取反补贴措施或可起诉的补贴(黄色),这类补贴是服务于国内经济、政治或社会目标的,但可能会扭曲国际贸易[①](唐仙丽, 2012)。其中禁止补贴是绝对不能使用的,非禁止补贴可以使用,

---

[①] Trade Neeotiations Committee Meetinr at Ministerial Level. GATT Doc. MTN.TNC/7(MIN). 9 December 1988.pp.18–20.

但要在规则约束的范围内使用。根据GATT1994[①]与《补贴与反补贴协定》[②]规定，对不同的补贴在不同情况下采取不同的反补贴措施：(1)如果一成员方使用了禁止性补贴和非禁止但可采取反补贴措施或可诉补贴，对进口成员方国内产业造成严重损害或者严重损害的威胁时，进口方成员可以对接受补贴的产品征收反补贴税(李星星,2011)；(2)如果一成员使用了非禁止补贴，但有可能违反了农业协定有关规定，并对其他成员方利益造成影响，则受损成员方可以向WTO争端解决机构提起"违约之诉"；(3)如果一成员的补贴本身不违反有关纪律，但仍对其他成员方依照GATT1994第2条享有的关税减让利益造成损害或者抵消，受损成员方可以向WTO争端解决机构提起"非违约之诉"(表3-1所示)。

表3-1　补贴与反补贴措施规则

反补贴措施 补贴措施		反补贴成员方		
		征收反补贴税	提起"违约之诉"	提起"非违约之诉"
补贴实施成员方	使用禁止性补贴	√	√	×
	没有按照有关规则使用非禁止但可反可诉补贴情况下，给进口成员或其他成员造成影响	√	√	×
	按照有关规则使用非禁止但可反可诉补贴情况下，给进口成员或其他成员造成影响	×	×	√

资料来源：作者根据《补贴与反补贴协定》归纳制作。

3.1.2 《补贴与反补贴协定》与《农业协定》的关系

由于农业政策的特殊性和复杂性，不能完全按照多边贸易体制的一般补贴纪律[③]对农业补贴进行规制。所以，乌拉圭回合多边贸易谈判在一般补贴纪律之外，为农业量身定做了相对独立的WTO多边贸易规则，即《农业协定》。《农业协定》对农业补贴的规制要比《补贴与反补贴措施协定》宽松。按照特殊法优先于一般法的原则，当《农业协定》与《补贴与反补贴协定》发生冲突时，优先适用《农业协定》。

---

① 参见《GATT1994》第6、16、23条。

② 参见《补贴与反补贴协定》第3、5、6条。

③ 乌拉圭回合谈判的多边贸易体制的一般补贴纪律包括《1994年关贸总协定》(GATT1994)的反补贴税与补贴措施纪律条款和《补贴与反补贴协定》(SCM Agreement)。

3.1.3《补贴与反补贴协定》对农业国内补贴的适用

根据《补贴与反补贴协定》,一成员实施的任何补贴要是对进口成员或其他成员利益造成严重损害,都可能遭到受害方的起诉。如果所实施的补贴本身违反了WTO规则(包括《农业协定》),则可能遭到受害方的反补贴税和"违约之诉";如果补贴不违反WTO规则,则有可能面临其他成员的"非违约之诉"。农业国内补贴不仅属于《农业协定》定义的农业国内支持的范畴,也属于《补贴与反补贴协定》所指的补贴,所以农业国内补贴要受到《农业协定》与《补贴与反补贴协定》的双重约束。只不过按照特殊法优先于一般法的原则,《农业协定》与《补贴与反补贴协定》发生冲突时,优先适用《农业协定》,即只要农业国内补贴不违反《农业协定》,即使对其他成员造成贸易损害,其他成员也只能向WTO争端解决机构提起"非违约之诉"。

3.2《农业协定》对农业国内支持的规制

《农业协定》国内支持相关条款内容较多,根据内容可把所有国内支持规则条款总体分为三种类型:(1)基本规则:"分箱而治"的纪律;(2)通报和审议规则;(3)"和平条款"下的国内支持规则:适当克制。具体条款如表3-1所示。

表3-2 《农业协定》国内支持相关条款汇总

URAA国内支持条款	主要内容
第1条	术语定义:综合支持量、综合支持等值、综合支持总量等。
第6条第1款	国内支持削减承诺
第6条第2款	"发展箱"标准和条件
第6条第3款	执行削减承诺的合规性标准
第6条第4款	微量允许标准
第6条第5款	"蓝箱"措施标准和条件
第7条	国内支持的一般纪律
第13条	"和平条款"下的国内支持:适当克制
第18条	对承诺执行情况的审议:通报义务和审议其他成员通报的权责
附件2	"绿箱"措施标准与规则
附件3	"黄箱"综合支持量(AMS)的计算
附件4	"黄箱"支持等值(EMS)的计算

资料来源:作者根据《农业协定》整理。

3.2.1 "分箱而治"的纪律

《农业协定》在附件2、第6条第2款、第6条第5款分别规定了"绿箱""蓝箱""发展箱"措施的具体适用标准和条件;第7条第2款规定,凡是不符合"绿箱""蓝箱""发展箱"措施标准和条件的所有有利于农业生产者的国内支持措施都按照"黄箱"措施对待。在第6条第4款规定了"黄箱"措施微量允许标准(DeMinimis);《农业协定》第6条第1款和第3款、第7条以及附件3、附件4,共同规制了"黄箱"AMS计算方法和TAMS削减承诺。下文具体介绍每种"箱体"的规则和纪律。

3.2.1.1 "绿箱"措施标准和条件

"绿箱"措施的支持水平不受限制,"绿箱"措施必须严格符合《农业协定》附件2规定的标准和条件。《农业协定》附件2第1条规定了"绿箱"措施应满足的基本要求是:对贸易没有扭曲作用,对生产没有影响,或者此类作用或影响非常小。所有"绿箱"措施的基本标准和条件是:所涉支持应通过公共基金供资的政府计划提供(包括放弃的政府税收),而不涉及来自消费者的转让;且所涉支持不得具有对生产者提供价格支持的作用(周小斌、李秉龙,2002;尤晓林,2009)。《农业协定》附件2第2条的第2至13款列举了12种"绿箱"措施,并规定了每种措施的具体标准和条件(如表3-3所示)。其中第5至12项皆为第4项直接补贴的具体形式,因此,可把"绿箱"措施粗略地分为4大类,即政府一般服务支持措施、用于粮食安全目的的公共储备、基于营养目标的国内食物援助和对生产者的脱钩直接补贴。总而言之,(1)政府一般服务不涉及对农产品生产者或加工者的直接补贴;(2)用于粮食安全目的的公共储备的数量和积累量应仅用于粮食安全的目的,且储备粮采购和销售的价格应按照现行市场价格进行;(3)基于营养目标的国内食物援助只能采取向符合受援资格的居民提供食物或提供按照市场价或补贴价格收购食物的途径,政府所采购的援助粮必须按市价采购(即不得高价采购),并且食物援助的方式和资金要透明;(4)向农产品生产者提供的直接补贴不得与生产者生产的农产品种类、数量等要素挂钩(即脱钩的直接补贴),并且要保证不会使接受补贴者获得额外的生产优势。

表 3-3 "绿箱"措施的标准和条件

具体"绿箱"措施	具体措施特定标准和条件
1.一般服务支持	与向农业或农村提供服务或者利益的计划有关的支持(或放弃的税收),但不得涉及对生产者或加工者的直接补贴。包括但不限于下列 a 至 g 所列项目。
(a)研究	包括农业一般研究、环境项目研究和特定农产品研究。
(b)病虫害控制	包括一般性控制和针对具体产品的控制,例如自然灾害的预报服务、和抗灾行动等。
(c)培训服务	包括农业科技人员和生产操作培训,建设培训教育设施。
(d)推广和咨询服务	向生产者和加工者提供生产技术、传播信息和研究成果等。
(e)检验服务	包括一般性检验和出于卫生、安全、分类或标准的目的而对特定农产品进行的检验等。
(f)营销和促销服务	如提供市场信息和营销咨询及承担促销策划等,但这类支持不能导致本国产品对他国(地区)产品进行低价竞争。
(g)基础设施服务	如电网、道路、市场、港口、供水、防洪、排水及环保项目的建设等,但这类支持措施的资金支出只能用于基础设施工程项目的建设,不得用于对农业生产者提供直接的现金补贴。
2.用于粮食安全目的的公共储备	允许政府直接以财政开支来维持粮食安全储备,或为私人储备提供财政补贴。但这类开支或补贴均不得表现为高价收购或低价销售储备粮(发展中国家例外)。并且,储备性补贴必须保持充分透明和符合储备需要(即粮食储备性补贴不得过度)。
3.基于营养的国内食物援助	赈济本国(地区)饥民是每个政府所必须承担的责任,而为低收入居民保障粮食供给也是许多政府需要承担的义务。为此目的而做出的财政开支或对非政府援助行动减免税收均是正当的补贴。粮食援助补贴只能采取向符合受援资格的居民提供粮食或以补贴价格供应粮食的方式,政府所采购的援助粮食必须按市价采购(即不得高价采购),并且粮食援助行动还必须保持充分透明。
4.对生产者的(脱钩)直接补贴	具体包括以下列 5 至 12 项。
5.不挂钩的收入支持	此类补贴必须基于合理的和明确的标准(如收入标准、农业生产者身份或土地所有者身份标准、生产水平标准等),并且要保证不会使接受补贴者获得额外的生产优势。
6.收入保险和收入安全网计划中政府的资金参与	但这类补贴必须符合以下规定:(1)接受补贴的生产者收入损失必须为全体农业生产者平均收入的 30% 以上;(2)接受补贴的生产者收入损失量必须超过其正常年份收入的 30% 以上;(3)有关补贴应仅针对收入的减少,而不应针对产品或产量;(4)若收入减少有自然灾害因素,则可同时适用收入保险计划补贴和自然灾害补贴,但补贴总量必须低于收入损失量的 100%。
7.自然灾害救济补贴	(1)必须基于实际发生的灾害(包括一切不可抗拒的突发事故);(2)补贴必须基于实际损失(包括收入损失、牲畜损失、土地及其他生产要素损失等);(3)补贴量不得超过实际损失量。
8.生产者退休计划提供的结构调整援助	逐步使小型农户退出农业,有利于农业集约化生产和提高生产效率,但此项补贴的必须基于合理的和明确的标准。
9.通过资源停用计划提供的结构调整援助	这类补贴应按照退出的农业资源,确立明确的补贴标准,例如基于土地休耕的补贴应仅发放给休耕三年以上的土地。这类补贴措施不得以将有关资源投入特定的农产品生产作为补贴条件,或以干预农产品市场价格为目标。
10.通过投资援助提供的结构调整援助	这类补贴可根据政府的农业生产结构调整规划而进行相应调整,但补贴应基于明确的结构调整规划和标准,并不得以有关农产品的市场价格作为补贴措施的目标。
11.环境计划下的补贴	获得此类补贴的资格应确定为明确规定的政府环境或保护计划的一部分,并应取决于对该政府计划下特定条件的满足,包括与生产方法或投入有关的条件。

具体"绿箱"措施	具体措施特定标准和条件
12.地区援助计划下的补贴	这类补贴是向农业生产条件明显不利的地区所发放的,受援地区应基于明确的和合理的标准加以认定,所谓"不利的生产条件"必须是长期性的。为此而发放的补贴必须是受援地区农业生产者所能普遍能够获得的,补贴额应限于该地区的平均生产成本高出一般平均生产成本的部分。

资料来源:作者根据《农业协定》附件2整理。

3.2.1.2 "蓝箱"措施标准和条件

一些与农产品限产计划有关的"黄箱"措施被纳入"蓝箱"(赵立辉,2002),"蓝箱"措施只列入基期AMS总量(削减的基数)的计算[①],但在《农业协定》实施期和以后不计入当期现行AMS总量,即支持水平不受限制,有关国家可以自行决定政策的调整以便按要求削减AMS。理由是,限产计划抵消了补贴对生产的刺激作用,从而减轻了贸易扭曲作用。所以,"蓝箱"措施的基本前提是补贴必须是在限产计划下提供的。"蓝箱"措施的具体标准是必须严格遵守《农业协定》第6条第5款的标准和条件(表3-4所示)。

表3-4　"蓝箱"措施的标准和条件

"蓝箱"措施	具体标准和条件	备注
限产计划下的直接补贴	(1)按照固定面积和单产给予的直接补贴;(2)按照基期产量水平的85%或以下给予的直接补贴;(3)按照固定动物数量给予的直接补贴。	但没有明确规定基期怎么选择

资料来源:作者根据《农业协定》第6条第5款整理。

3.2.1.3 "发展箱"措施标准和条件

发展中国家成员政府直接或间接鼓励农业和农村发展的援助措施可列入"发展箱"。作为对发展中成员的差别待遇,其支持水平也免于计入AMS进行削减(《农业协定》第6条第2款规定)。具体标准见表3-5。

表3-5　"发展箱"措施的标准和条件

"发展箱"措施	具体标准和条件
1.农业投资补贴	发展中成员中农业可普遍获得的投资补贴
2.农业投入补贴	发展中成员低收入或者资源匮乏生产者可普遍获得的农业投入补贴
3.停止种植非法麻醉物补贴	发展中成员以种植多样化为途径,鼓励停止种植非法麻醉物而给予生产者的国内支持

资料来源:作者根据《农业协定》第6条第2款整理。

---

① 因为《农业协定》规定"黄箱"超微量支持水平的削减承诺是按比例削减,所以削减的AMS基数越大越有利。

3.2.1.4 "黄箱"措施的微量允许标准与TAMS削减承诺

凡是不符合"绿箱""蓝箱""发展箱"措施标准和条件的支持措施,都归为"黄箱"措施。"黄箱"措施的贸易扭曲作用大,所以《农业协定》第6条第4款规定了"黄箱"措施支持水平的"微量允许标准"。凡是支持水平低于微量允许标准的"黄箱"支持金额免于削减;凡是超过微量允许标准的"黄箱"支持金额全部记入"黄箱"综合支持量(Aggregate Measurement of Support,简称"AMS")作为削减的基础。其中,发达成员基于特定产品的"黄箱"支持微量允许标准为特定产品当年产值的5%,非基于特定产品的"黄箱"支持微量允许标准为当年农业总产值(不包含林业和渔业)的5%。发展中成员微量允许标准为10%,中国为8.5%。需要特别强调的是,"微量允许标准"是对"黄箱"支持水平进行分类的临界线,而不是对国内支持措施进行分类的标准。

《农业协定》附件3、附件4规定计算"黄箱"AMS的方法,本文已在第二章详细介绍[参见2.1.4"黄箱"综合支持量(AMS)测度的理论模型]。综合支持总量(TAMS)即为要削减的对象,TAMS为所有特定产品AMS与非特定产品AMS之和。但如果某一成员基期特定产品价格支持部分无法按照《农业协定》附件3规定的AMS计算方式进行计算,用特定产品支持等值替代市场价格支持金额,即综合支持总量(TAMS)=所有特定产品AMS+非特定产品AMS+所有特定产品支持等值。乌拉圭回合农业谈判要求以1986-1988年为削减的基期,即对于那些在基期(1986-1988年)TAMS总量大于零的成员,要对其年度TAMS做出削减承诺,而那些在基期(1986-1988年)TAMS为零的成员,则没有TAMS削减义务,但其TAMS最终约束水平为零,意即这些成员的"黄箱"支持水平永远不能超过微量允许标准。按照乌拉圭回合谈判达成的国内支持削减方案,自1995年开始,发达成员要承诺在6年内在基期TAMS基础上累计削减20%的TAMS,每年等比例地削减,即到2000年底,发达成员年度TAMS水平最终约束水平为基期TAMS的80%,发展中成员承诺在10年内在基期TAMS基础上累计削减13%的TAMS,每年等比例削减;到2004年底,发展中成员年度TAMS最终约束水平为基期TAMS的87%(如表3-6所示)。主要成员的TAMS削减任务和最终TAMS约束水平如表3-7所示。

表 3-6 WTO成员TAMS削减承诺

	发达成员	发展中成员
基期平均综合支持总量（$TAMS_0$）	$TAMS_0$为 1986—1988年平均TAMS	$TAMS_0$为 1986—1988年平均TAMS
承诺削减实施期	1995—2000 年	1995—2004 年
累计削减幅度	20%（欧盟为17%）	13%
年均削减幅度	3.33%（欧盟为2.83%）	1.30%
实施期结束后综合支持总量最终约束水平（TAMS commitment level）	TAMS commitment level=$TAMS_0×80\%$	TAMS commitment level=$TAMS_0×87\%$

资料来源：作者根据《WTO协定》农业国内支持减让表归纳整理。

表 3-7 主要成员的TAMS削减任务与TAMS最终约束水平

WTO成员名称（TAMS价值量单位）	成员类型	基期TAMS	基期TAMS占农业GDP比重	TAMS削减幅度	完成削减承诺的期限（年份）	TAMS最终约束水平
斯洛伐克（Sk millions）	发达	12675.0	—	20%	1995—2000	10140.0
斯洛文尼亚（€ millions）	发达	77.3	—	20%	1995—2000	61.8
挪威（Nkr millions）	发达	14311.3	83.5%	20%	1995—2000	11449.0
瑞士（Sw F millions）	发达	5321.3	65.0%	20%	1995—2000	4257.0
欧盟（€ millions）	发达	80914.5	63.4%	17%	1995—2000	67159.0
捷克（Kc millions）	发达	17014.1	51.5%	20%	1995—2000	13611.3
日本（¥ billions）	发达	4966.1	50.5%	20%	1995—2000	3972.9
冰岛（SDR millions）	发达	162.6	42.4%	20%	1995—2000	130.1
加拿大（Can$ millions）	发达	5376.3	35.3%	20%	1995—2000	4301.0
美国（US$ millions）	发达	23879.1	27.0%	20%	1995—2000	19103.3
匈牙利（Ft millions）	发达	42260.0	21.8%	20%	1995—2000	33808.0
波兰（US$ millions）	发达	4161.3	20.1%	20%	1995—2000	3329.0
澳大利亚（$A millions）	发达	589.9	4.7%	20%	1995—2000	471.9
南非（R millions）	发达	2519.3	0.1%	20%	1995—2000	2015.4
阿根廷（Arg$1992. millions）	发展中	86.2	—	13%	1995—2004	75.0
以色列（US$ millions）	发展中	654.0	59.2%	13%	1995—2004	569.0
塞浦路斯（£C millions）	发展中	58.2	44.6%	13%	1995—2004	50.6
委内瑞拉（US$ millions）	发展中	1299.7	36.3%	13%	1995—2004	1130.7
韩国（W billions）	发展中	1712.6	14.5%	13%	1995—2004	1490.0
墨西哥（Mex$ 1991. millions）	发展中	28920.9	13.5%	13%	1995—2004	25161.2
泰国（B millions）	发展中	21871.8	7.9%	13%	1995—2004	19028.5

续表

WTO成员名称 (TAMS价值量单位)	成员 类型	基期 TAMS	基期TAMS占 农业GDP比重	TAMS削 减幅度	完成削减承诺的 期限(年份)	TAMS最终约 束水平
巴西(US$ millions)	发展中	1048.4	5.9%	13%	1995—2004	912.1
哥伦比亚(US$ millions)	发展中	396.2	3.2%	13%	1995—2004	344.7
摩洛哥(DH millions)	发展中	787.4	2.8%	13%	1995—2004	685.0
哥斯达黎加(US$ millions)	发展中	18.3	2.1%	13%	1995—2004	16.0
突尼斯(D millions)	发展中	68.2	1.2%	13%	1995—2004	59.3

注:—表示暂无统计数据或者统计数据不全。

资料来源:作者根据WTO农业信息管理系统数据整理。(WTO: Agriculture Information Management System¡úSearch and Analyse Notified Information Search and Analyse Notified Information : Domestic Support ,网址:http://agims.wto.org/Pages/Reports.aspx?ReportType=4)

3.2.2 "和平条款"下的国内支持:适当克制原则

3.2.2.1 "和平条款"的由来

由于《农业协定》对农业补贴的规制相对于《补贴与反补贴协定》的一般补贴纪律要更加宽松,《农业协定》所允许的部分具有贸易扭曲作用的国内补贴(比如约束水平之内的"黄箱"补贴、"蓝箱"补贴、"发展箱"补贴)也可能对其他成员造成贸易损害。所以《农业协定》第13条制定了"和平条款"(马玉杰,2002),要求各成员在对《农业协定》允许的国内补贴采取反补贴措施时要保持适当的克制,把《农业协定》允许的但可能违反《补贴与反补贴协定》的国内支持纳入免于《补贴与反补贴协定》指控的保护之中,避免相互报复形成贸易战。

3.2.2.2 "和平条款"的内容

"和平条款"分别对满足附件2标准的"绿箱"支持、满足第6条的规定的"蓝箱"支持、"发展箱"支持和约束水平之内的"黄箱"支持制定了不同宽容度的保护条款(见表3-8)。其中,对满足附件2标准的"绿箱"支持给予《补贴与反补贴协定》指控的绝对豁免,即"和平条款"下的"绿箱"支持是"不可诉补贴",但是各成员可以对"绿箱"措施标准的准确性提出质疑和讨论。对于其他免于削减的支持("蓝箱"支持、"发展箱"支持、"微量允许")和不超过约束水平的AMS,如果确实存在损害或可能导致损害,则反补贴成员方可以采取反补贴措施,但前提是对某一特定农产品的支持水平超过1992年销售年度的支持水平。

表 3-8　"和平条款"规则内容

救济措施　　　国内支持措施	反补贴成员方		
	征收反补贴税	提起"违约之诉"	提起"非违约之诉"
实施补贴成员方　"绿箱"支持	×	×	×
"蓝箱"支持、"发展箱"支持和约束水平之内的"黄箱"支持:如果特定产品支持水平不超过1992年度水平	×	×	×
"蓝箱"支持、"发展箱"支持和约束水平之内的"黄箱"支持:如果特定产品支持水平超过1992年度水平	√	×	√

资料来源:作者根据《农业协定》第13条归纳整理。

3.2.2.3 "和平条款"的有效期

根据《农业协定》第1条(f)款规定,"和平条款"有效期自1995年至2003年12月31日。2003年7月,作为"和平条款"既得利益者的欧盟、美国,曾在巴西召开的会议上要求延长"和平条款"的期限,但巴西等农产品出口国拒绝这一提议。2003年8月WTO总干事正式宣布拒绝延长"和平条款"期限。所以2004年1月1日起,"和平条款"正式终止,这意味着所有农业国内支持措施只要造成对其他成员的利益损害,都可能受到反补贴成员的指控。

3.2.3 通报与审议规则

为了审议各成员对乌拉圭回合谈判达成的国内支持削减承诺和改革计划的执行进展情况,《农业协定》第18条规定,各成员必须按照规定格式,对每一年的农业国内支持政策实施情况向WTO秘书处通报。通报分为两种类型:(1)第一类是通报各类支持措施的支持水平和AMS计算,具体包括执行期年度"绿箱"措施和支持水平、年度"黄箱"措施、AMS和现行TAMS、其他可免于削减的措施和支持水平,以及免于削减的措施符合有关标准和条件的情况说明,WTO将此类通报简称为DS1通报;(2)如果成员新增加或者修改了任何免于削减的措施,必须及时向WTO秘书处通报,WTO将此类通报简称为DS2通报。(3)新加入的成员也要按照上述格式提交基期TAMS和现行TAMS信息。

表3-9　国内支持WTO通报的内容和格式

"归箱"分类	报表编号	通报内容分类	备注
"绿箱"	DS1	一般服务支持;粮食安全目的的公共储备支出;国内食物救济;与生产脱钩的收入支持;收入保险和安全网支持;自然灾害救助;通过生产者退休的结构调整补贴;通过资源停用的结构调整补贴;投资援助的结构调整补贴;资源环境项目补贴;地区援助	—
	DS2	新增或者修改了的免于削减的国内支持措施说明	—
"蓝箱"	DS3	特殊和差别待遇、限产计划下免于削减的直接补贴	—
"黄箱"	DS4	分农产品计算的综合支持量、所有综合支持量总额、分品种计入当期综合支持量(AMS)、计入当期综合支持总量(TAMS)	计算的AMS总额=①+②
	DS5	基于特定产品的价格支持	①基于特定农产品的"黄箱"支持总额
	DS6	基于特定产品的不可免除的直接支付	
	DS7	基于特定产品的其他补贴	
	DS8	基于特定农产品支持等值	
	DS9	基于非特定农产品的支持	②非基于特定农产品的"黄箱"支持总额

资料来源:根据WTO农业规则整理。

《农业协定》第18条第1款规定,WTO农业委员会以各成员提交的通报为依据,对各成员国内支持的合规性进行审议。《农业协定》第18条第7款规定,任何成员如果怀疑另一成员农业国内支持存在不合规的情况,对于其认为不合规的任何措施均可提请WTO农业委员会注意。

3.3 新一轮农业国内支持削减方案:《农业减让模式草案(第四稿)》

多哈农业谈判自启动以来已有16年历程[1],尽管在市场准入、国内支持、出口竞争等议题达成一定共识,但在农产品特殊保障机制、扭曲贸易的国内支持削减[2]等关键问题上分歧巨大,谈判多次陷入僵局并几度停滞,至今在关于扭曲贸

---

[1] 新一轮农业谈判是根据WTO《农业协定》于2000年初开始。2001年WTO多哈回合多边贸易谈判启动,农业授权成为《多哈发展议程》的核心议题之一。

[2] WTO将农业国内支持措施分为:A.无贸易扭曲作用和对生产的作用,或作用微小的"绿箱"政策(Green Box);B.对贸易和生产有较大扭曲作用的"黄箱"政策(Amber Box);C.《农业协定》6.5条免于削减承诺的"蓝箱"政策(Blue Box)。多哈农业谈判拟要求对扭曲贸易的国内支持进行实质性削减,即削减"黄箱"综合支持量最终约束水平、微量允许、"蓝箱",以及扭曲贸易的国内支持总量。

易的农业国内支持削减方面的谈判仍停滞不前。2008年12月初形成的《农业减让模式草案(第四稿)》(Revised Draft Modalities for Agriculture，TN/AG/W/4/Rev.4)，仍是目前谈判的主要成果，被认为是继续谈判的基础(朱满德等，2017)。本文第8章将以《农业减让模式草案(第四稿)》中的农业国内支持削减方案为基础，对美国农业国内支持的合规性进行模拟。因此，本节对《农业减让模式草案(第四稿)》中关于新一轮农业国内支持规则的改革方案简要介绍，其中涉及国内支持的内容主要包括，扭曲贸易的国内支持总量削减、微量允许标准和综合支持总量削减、"蓝箱"支持和特定产品AMS封顶等。

3.3.1 扭曲贸易的国内支持总量(OTDS)分层削减方案

扭曲贸易的国内支持总量(Overall Trading Distorting Subsidies，简称OTDS)，是多哈回合农业谈判引入的新概念，指成员方需要削减的各类扭曲贸易的措施支持量之和，包括"黄箱"综合支持量、"黄箱"微量允许及"蓝箱"。即OTDS总约束水平=综合支持总量最终约束水平(AMS限额)+微量允许约束水平(即特定产品微量允许和非特定产品微量允许之和)+max("蓝箱"空间，农业年均总产值的5%)。发达成员以1995—2000年作为农业补贴削减基期，发展中成员可以在1995—2000年和1995—2004年二者中间选择一个基期。具体分为三层进行削减，详见表3-10。其中，最近新加入成员[1]和小型低收入新加入成员[2]免于削减，最终约束总AMS承诺为0的发展中成员也将免于削减，但不能超过现有的OTDS水平。

表3-10 扭曲贸易的国内支持总量(OTDS)的分层削减参数

		基期OTDS分界点 (10亿美元)	线性 削减	基期	实施期
发达成员	第一层	>60	80%	1995—2000年	5年；其中第1年第1层和第2层需削减33.3%，第3层削减25%；其余按年度进行5次均等削减
	第二层	10~60	70%		
	第三层	≤10	55%		
发展中 成员			36.7%	1995—2000年或 1995—2004年	8年；第1年削减20%；其余按年度进行8次均等削减

资料来源：《农业减让模式草案(第四稿)》(TN/AG/W/4/Rev.4)，2008.12.6.

---

[1] 包括沙特阿拉伯、前南斯拉夫马其顿共和国、越南、乌克兰等国家。

[2] 包括阿尔巴尼亚、亚美尼亚、格鲁吉亚、吉尔吉斯斯坦、摩尔多瓦、蒙古。

3.3.2 "黄箱"微量允许标准和TAMS分层削减

发达成员"黄箱"微量允许标准将由目前的5%削减至2.5%,发展中成员在3年内由目前的10%削减至6.7%,在上一轮谈判中TAMS最终约束水平为0的成员,其微量允许标准免于削减。削减后发达成员基于特定产品的"黄箱"支持微量允许标准为特定产品当年产值的2.5%;非基于特定产品的"黄箱"支持微量允许标准为当年农业总产值(不包含林业和渔业)的2.5%。发展中成员微量允许标准为6.7%,中国仍为8.5%不变。在削减后的微量允许标准下,"黄箱"综合支持总量(TAMS)也将进一步削减,根据成员类型和基期TAMS总量不同,TAMS采用三层削减方案(见表3-11)。

表3-11 "黄箱"综合支持总量(TAMS)的分层削减参数

		基期TAMS分界点 (10亿美元)	线性 削减	基期	实施期
发达成员	第一层	>40	70%	1995—2000年	5年;其中第1年削减25%;其余按年度进行5次均等削减
	第二层	15~40	60%		
	第三层	≤15	45%		5年;6次均等削减
发展中成员		>0.1	30%	1995—2000年或 1995—2004年	8年;9次均等削减

资料来源:《农业减让模式草案(第四稿)》(TN/AG/W/4/Rev.4),2008.12.6.

3.3.3 对特定产品AMS封顶

除美国外的发达成员特定产品AMS封顶值为1995—2000年间的实际AMS平均值。美国某一特定产品AMS封顶值,一般情况是该产品1995—2004年实际AMS水平的平均值(例外情况详见本文第八章)。对于发展中成员,具体提出了三种方法来确定特定产品AMS封顶值(详见TN/AG/W/4/Rev.4第21-26段)。

棉花作为特定产品谈判中的特殊产品,棉花的综合支持量(AMS)将按照高于一般产品的削减公式削减,棉花AMS削减公示为:$R_c = R_g + [(100 - R_g) * 100 / 3R_g]$。其中,$R_c$是指棉花削减百分点数,$R_g$是指TAMS削减的百分点数(比如发达成员第二层的TAMS总体削减的百分比为60%,百分点数为60)。

表 3-12　棉花 AMS 的分层削减参数

		TAMS 线性削减的百分比	棉花 AMS 削减	基期	实施期
发达成员	第一层	70%	$R_c\%=[70+(100-70)*100/3*70]\%=84.2\%$	1995—2000 年	TAMS 削减执行期的 1/3
	第二层	60%	$R_c\%=[60+(100-60)*100/3*60]\%=82.2\%$		
	第三层	45%	$R_c\%=[45+(100-45)*100/3*45]\%=85.7\%$		
发展中成员		30%	$R_c\%=\{[30+(100-30)*100/3*30]*2/3\}\%=71.9\%$	1995—2000 年或 1995—2004 年	

资料来源:《农业减让模式草案(第四稿)》(TN/AG/W/4/Rev.4),2008.12.6.

3.3.4 "新"蓝箱""及"蓝箱"封顶

《农业减让模式草案(第四稿)》对"蓝箱"政策赋予了更大的灵活性,把不与生产相关的补贴也纳入"蓝箱"政策范围,即所谓的"新蓝箱","新蓝箱"措施分为限产计划下的直接补贴和与产量脱钩的补贴两类[1]。各成员可以在"旧蓝箱"和新"蓝箱"两者之间任选其一,选定后不得变更。"蓝箱"的附加纪律包括总量封顶和特定产品封顶。一般发达成员特定产品"蓝箱"支持量(PSAMS)封顶在1995—2000年各年度的平均水平上,但美国例外,其特定产品"蓝箱"封顶水平等于1995—2004年各年度特定产品支持量占当年所有特定产品支持总量(PSAMS)比重的平均值与1995–2000年所有特定产品支持总量平均值的乘积。发达成员"蓝箱"支持总量封顶水平为基期农业平均总产值的2.5%,发展中成员为5%。

3.4 评价农业国内支持合规性的步骤与方法

本文将首先在现行WTO农业规则框架下对美国已经向WTO通报了的年度(1995–2013年)农业国内支持的合规性进行检查,然后根据《农业减让模式草案(第四稿)》对美国2002年以来的农业国内支持在新一轮国内支持削减方案下的合规性进行模拟。步骤如图3-2所示。

---

① 限产计划下的直接补贴为原"蓝箱"措施;与产量脱钩的补贴为新增的"蓝箱"措施;二者合在一起称为"蓝新箱"。

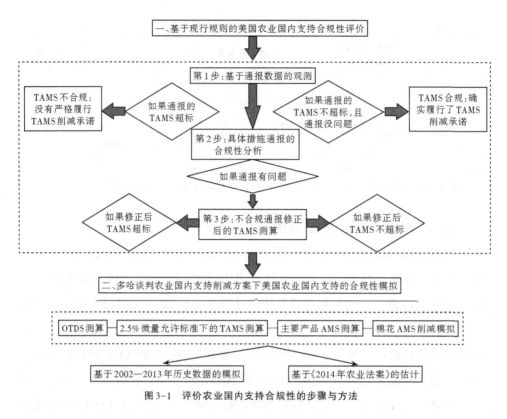

图 3-1　评价农业国内支持合规性的步骤与方法

3.4.1 基于现行规则的农业国内支持合规性评价

现行规则对美国农业支持的约束主要是"黄箱"综合支持总量(TAMS)约束,在现行 WTO 农业规则框架下对美国已经向 WTO 通报了的年度(1995—2013 年)农业国内支持的合规性进行检查,具体步骤和方法如下:

第一,根据美国农业国内支持通报文件的时间索引,检查其是否及时对其农业国内支持政策进行了完全的通报;基于美国通报的数据分析美国农业国内支持水平与箱体结构变化,检验其哪些年份的 TAMS 可能存在突破 WTO 规则约束的水平。

第二,对美国主要农业国内支持措施在国内支持通报中的"归箱"错误、金额漏报等问题进行检查。具体方法是运用 WTO 农业国内支持措施"归箱"标准和条件,逐一分析作为"绿箱措施"进行通报的具体措施的操作方式是否满足"绿箱"的标准和条件;分析通报的"非基于特定产品支持"的措施在实施中是否和特定产品挂钩;基于对美国农业国内支持政策的深入系统研究和对相关公开数据的考察,检查其通报的措施的金额是否存在漏报少报的情况。

第三,根据"归箱"理论对不合规通报的措施进行"归箱"调整;对少报、漏报的"黄箱"支持金额进行查证。具体方法是从美国农业部官网、美国农业统计年鉴等资料中查询、验证相关支持措施的财政支出统计数据和通报数据的一致性(其中还涉及对有些具体措施支持金额的测算),然后根据"黄箱"AMS测度方法,重新计算美国"真实"的TAMS金额,最后把重新计算的调整后的"真实"TAMS与年度TAMS约束水平比较,看实际的TAMS是否超过TAMS约束上限的情况。

3.4.2 基于新一轮国内支持削减方案的农业国内支持合规性预估

《农业减让模式草案(第四稿)》中农业国内支持削减方案,涉及美国国内支持的内容主要包括,扭曲贸易的国内支持总量(OTDS)削减、微量允许标准和综合支持总量(TAMS)削减、"蓝箱"支持和特定产品AMS封顶等。根据《农业减让模式草案(第四稿)》中农业国内支持削减方案,对美国农业国内支持在新一轮国内支持削减方案下的合规性进行模拟。具体步骤和方法是:

第一,基于美国2002—2013年农业国内支持通报数据,分别模拟计算2002-2013各年度扭曲贸易的支持总量(OTDS)、2.5%的微量允许标准下各年度的特定产品AMS、"黄箱"综合支持总量(TAMS)、"蓝箱"支持量以及棉花AMS,检查美国《2002年农业法案》《2008年农业法案》实施的农业国内支持政策能否满足《农业减让模式草案(第四稿)》拟定的OTDS、特定产品AMS、TAMS、"蓝箱"水平等的削减要求。

第二,基于对美国《2014年农业法案》农业国内支持政策调整的分析,结合历史数据和新政策支出预算数据,对2014年农业法案实施期间的OTDS、2.5%的微量允许标准下的特定产品AMS和农业"黄箱"综合支持总量(TAMS)、棉花AMS削减空间进行估计。模拟测算美国现行农业国内支持政策能否满足《农业减让模式草案(第四稿)》拟定的OTDS、特定产品AMS、TAMS、"蓝箱"水平等的削减要求,据此判断美国农业国内支持政策对新一轮农业谈判和WTO农业国内支持规则改革的影响。

第4章 美国主要农产品国内支持政策演变及重要措施分析

1995年《农业协定》正式生效以来,美国先后出台了《1996年农业法案》《2002年农业法案》《2008年农业法案》《2014年农业法案》,对农业国内支持政策进行改革和调整①。虽然每次改革调整的历史背景各有不同,但如何遵守或者规避WTO规则,是1995年以来美国历次农业国内支持政策改革调整必须考虑的问题。美国在WTO规则框架下如何对其农业国内支持政策进行改革调整? 改革调整中哪些重点措施值得关注? 改革调整的特征是什么? 这些正是本章要具体分析和回答的问题。由于美国农业国内支持政策措施极其复杂多样,范围甚广,本章无法对美国所有农业国内支持措施一一分析,所以本章把研究的重点放在那些可能受WTO"黄箱"约束的政策措施上。受WTO"黄箱"约束的政策措施是可能具有贸易扭曲作用的措施,而不同指向和具体形式的农业国内支持政策措施的贸易扭曲效应不同。总体而言,"政府一般服务支持"不针对农业生产者和特定农产品,只有很小贸易扭曲作用甚至没有贸易扭曲作用;针对农业生产者和特定农产品的"价格支持"措施的贸易扭曲作用最大;针对农业生产者和特定农产品的"直接补贴"措施的贸易扭曲作用大小取决于"补贴"是否与农产品生产、价格等因素挂钩,挂钩补贴的贸易扭曲作用大于脱钩补贴。因此,本章主要研究乌拉圭回合农业谈判以来美国对农产品的主要政策措施进行的改革调整。

4.1 美国主要农产品国内支持政策演变的历史脉络

4.1.1《农业协定》生效之前的政策回顾

《农业协定》达成之前,美国对农产品的国内支持以价格支持、信贷支持和挂钩直接补贴为主。这一基本政策框架成型于《1973年农业法案》,经过《1977年农业法案》《1981年农业法案》《1985年农业法案》和《1990年农业法案》对农业政策

---

① 美国农业政策的制定、改革、调整和颁布是以农业法案的形式进行的。

的多次调整,一直延续到1995年。其中,价格支持和信贷支持的主要方式①是无追索权贷款(Nonrecourse Loans,简称NL),挂钩直接补贴的主要方式②是基于农产品目标价格的差额补贴(Deficiency Payment based on Target Prices)。这类政策措施具有很强的生产刺激作用和贸易扭曲作用。

其中,无追索权贷款政策是指政府按照一定原则规定农产品底价作为贷款率(loan rate),贷款率即单位产品可获得的贷款金额。农作物收获后,如果市场价格低于贷款率,有资格的农民③可以把收获的农产品(所有权合同)抵押给政府,按照规定的贷款率取得一笔期限为9~10个月的贷款,从而延长销售周期以缓解农产品收获时集中销售造成的价格下跌;如果贷款期限内市场价格恢复到贷款率(加利息)之上,农民可以还本付息赎回抵押农产品(所有权),然后在市场上出售农产品获得销售收入;如果市场价格持续低于贷款率,贷款到期时农民就保留贷款所得,并把抵押的农产品(实物)交给政府,政府无权追索实物价值低于贷款本息部分的还款责任——这就相当于政府以贷款率(加利息)为最低收购价购入了抵押农产品,形成政府库存,从而提振市场价格和保护农民利益。当市场价格较高时,政府再向市场销售库存农产品,从而缓解农产品价格过快上涨,以保护消费者利益。所以,无追索权贷款政策是信贷支持和价格支持两位一体的支持措施,贷款率水平就是支持价格水平(USDA/ERS,2006;Hayami,1986)④⑤。

---

① 价格支持是政策类型,价格支持方式也称价格支持具体措施,常见的价格支持的方式包括政府最低价收购、订单收购、临时收储、无追索权贷款。

② 挂钩直接补贴的常见方式包括基于价差的直接补贴和不基于价差的直接补贴等。

③ 参与面积缩减(休耕)计划;产品质量达到CCC规定的质量标准。

④ 速水佑次郎,神门善久.农业经济论[M].沈金虎等,译.北京:中国农业出版社,2003。

⑤ USDA-ERS. Commodity Loan Programs—Price Supports and Marketing Loans. Analysis of the U.S. Commodity Loan Program/ AER-801,2006.

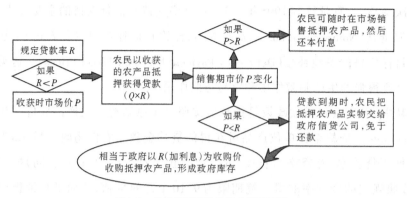

图4-1　无追索权贷款政策内涵示意图

基于农产品目标价格的差额补贴简称目标价格补贴或差价补贴,它是指,政府按照一定原则规定农产品的目标价格,当生产者获得的有效价格(市场价和贷款率中的较高者)低于目标价格时,政府按照有资格获得差价补贴的产量补贴其差价部分。从基于农产品目标价格的差额补贴中价差的确定方法中可以看出,差价补贴和无追索权贷款政策是相互配合使用的,二者的组合关系如图4-2所示。这一政策组合实施的关键取决于贷款率水平和目标价格水平的确定,以及对可获得贷款和补贴的资格的限制。例如1973—1985年,贷款率水平大致是按照促进出口而不是增加库存的原则根据略低于国际价格的水平确定[1];目标价格是综合考虑生产成本和竞争品种间的比价关系而确定的,并且每年根据生产成本指数动态调整,从而保证农民扣除生产成本后能获得一定利润(Westcott and Hoffman,1999);凡是有资格获得无追索权贷款和差价补贴的农民在法定基础面积上[2]生产的实际产量[3]都有享受补贴的资格。由于目标价格根据成本上调,补贴保障了农民合理收益,刺激农民不断增加农业生产投入来提高产量。

---

[1] 例如棉花贷款率根据前3年国际棉花均价预测的当年国际价格的90%确定。

[2] 美国早在《1949年农业法案》就开始建立了农场获取政府补贴的基础面积数据。

[3] 没有产量限制。

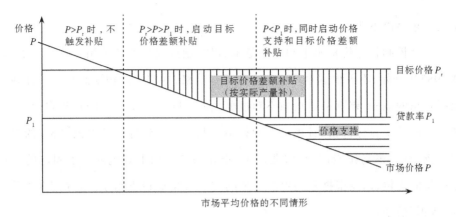

图4-2　目标价格补贴和无追索权贷款(价格支持)配合使用示意图

在20世纪70年代,由于国际需求旺盛,市场价格较高,增加的生产不仅没有形成过剩的库存,而且让美国大赚了一把。但到了20世纪80年代初,由于欧盟等竞争对手加大农产品出口补贴力度,美元开始升值,美国农产品难以进入国际市场,政策的扭曲效应日益凸显。主要变现为,一是国内过剩的农产品供给最终使国家库存爆满,农场库存也爆满,国内市场价格持续走低;二是为了维持国内农产品支持价格和处理堆积如山的剩余农产品,不得不大量实施农产品出口补贴和市场准入限制措施,进而导致国际农产品贸易冲突不断升级;三是其他成员也纷纷增加农业补贴来抵消美国农业补贴对贸易的不利影响,尤其是欧盟、美国、日本等成员对农业的补贴形成竞赛式增长的局面,相互伤害;四是目标价格水平和农产品生产成本相互助长、螺旋式上升,与持续走低的市场价格形成越来越大的价差,最终导致政府的目标价格补贴支出大幅增加,财政不堪重负;五是由于目标价格补贴保障了农民收益,补贴的增产导向效应也带来土地过度开发、农业结构严重失衡、农业生态环境恶化等问题。

正是上述沉重的代价让美国认识到必须对农业国内政策进行改革,为此,美国在《1985年农业法案》开始对生产者支持政策进行调整,同时在1986年开始的乌拉圭回合多边贸易谈判提出把农业贸易问题作为本轮谈判的中心议题,把农业国内政策纳入多边贸易体制框架之中,推动GATT各成员一起对农业国内政策进行改革。随着乌拉圭回合农业谈判的进行,美国《1990年农业法案》进一步深化了对生产者支持政策的调整。《1985年农业法案》和《1990年农业法案》政策调整主要包括以下四个方面：

一是控制目标价格水平和补贴范围,以抑制过度生产和控制财政补贴支出。从1985年开始,不再根据生产成本上调目标价格,并实施面积配额和限产计划以限制补贴的范围,差额补贴按照不超过配额的实际产量发放。《1990年农业法案》进一步降低了目标价格,且规定差额补贴按照最多不超过基础面积[①]85%的实际产量支付(后来乌拉圭回合《农业协定》把在限产计划下实施的基于固定的面积和产量的支付,以及根据基期生产水平的85%或85%以下给予的直接支付,界定为"蓝箱"措施)。

二是逐步把无追索权贷款政策变为有追索权的营销援助贷款政策,从而逐步废除政府收购农产品的价格支持机制。具体而言,先是《1985年农业法案》在棉花和水稻无追索权贷款政策中引入营销援助贷款(marketing assistance loans,MAL)和贷款差额补贴(loan deficiency payments,LDP)的概念和规定,即当市场价格低于贷款率时,如果政府库存超过规定的合理水平时,商品信贷公司有权拒绝农民用抵押的农产品实物偿还贷款,而是让农民自行储存和随行就市销售农产品,然后用现金按照国内市场价格和最低还款率[②]中的较高者偿还贷款,还款额低于贷款所得额部分即为农民的营销援助贷款收益;对于有资格获取营销援助贷款但愿意放弃该贷款的农民,当市场价格低于贷款率时,政府按照法定还款率和法定贷款率的差额部分给予贷款差额补贴(比如每蒲式耳玉米可获得1美元贷款,如果世界市场价格为0.8美元,还款时按照0.8美元/每蒲式耳的世界价格还款,贷款的人相当于得到0.2美元/蒲式耳的收益,没有贷款的人可以获得0.2美元/蒲式耳的贷款差额补贴)。1991年和1993年,美国先后把大豆、玉米和小麦的无追索权贷款改为营销援助贷款(或贷款差额补贴)。

三是给农民自行存储农产品的仓储费用补贴。因为把无追索权贷款政策改为营销援助贷款以后,政府不再收购农产品,农民需要自行存储销售农产品,政府对有资格获得营销援助贷款的农产品给予存储费用补贴。

---

① 自《1949年农业法案》,实施生产面积配额,每个农场都有一个法定的分配面积,这里基础面积就是农场按照《1949年农业法案》分配的面积。

② 最低还款率为该产品的同期国际平均价格。

四是实施限产休耕计划,以调整农业结构和修复生态。例如,《1985年农业法案》规定,棉花、小麦、饲料谷物生产者至少将其基础面积的8%用于种植苜蓿;《1990年农业法案》进一步缩小目标价格差额补贴的面积范围,要求生产小麦、饲料谷物、棉花等农产品的农场主每年按照基础面积的10%(最少)至20%(最多)减少种植(具体比例由生产者确定,对休耕的部分给予休耕补贴),生产者在减少种植规定作物的面积上可以种植其他没有列入限产计划的作物,例如苜蓿等保护土壤的作物。没有落实限产计划和休耕保育计划的生产者,将被取消所有享受补贴的资格。

4.1.2 《农业协定》生效以来的政策改革调整

4.1.2.1 《1996年农业法案》

1995年WTO《农业协定》正式生效以后,为了适应WTO农业规则,减少农业补贴支出,履行"黄箱"AMS削减承诺,《1996年美国农业法》对生产者支持政策进行了较为全面的改革。

第一,取消价格支持政策。具体而言,把除食糖、花生之外的所有农作物的无追索权贷款政策完全改为营销援助贷款政策(Marketing Assistance Loans,简称MAL);对于有资格贷款但没有贷款的农场主,按照法定最低还款率和法定贷款率的差额部分给予贷款差额补贴(Loan Deficiency Payments,简称LDP)[1]。这样就退出了无追索权贷款的价格支持机制,转变为挂钩的直接补贴(MAL和LDP都属于挂钩的直接补贴),并把贷款率水平稳定在很低水平,使得从贷款中获得的贷款差额收益或者补贴较少。

第二,对原本与农产品价格、实际产量挂钩的目标价格补贴进行了脱钩改革,将其改为"生产灵活性合同补贴"(Production Flexibility Contract Payments,PF-CP)。生产灵活性合同是指农民和政府之间签订的关于耕地休耕、保育的合同。根据《1996年农业法案》第111条规定,凡是在1991—1995年间的任何一年,曾参加了小麦、玉米、高粱、大麦、燕麦、陆地棉和大米限产计划[2]的农民,将有资格参与1996—2001年为期6年的生产灵活性合同,凡是遵守生产灵活性合同对耕地

---

① 营销援助贷款和贷款差额补贴实质一致,分别针对有贷款的农户和没有贷款的农户。

② 农民参加限产计划,需要和政府农业部门签订休耕保育合同,可以享受差价补贴政策。

非农用途、休耕保育等规定和要求的农民,可以按照其种植农作物的历史基期面积的85%和单产获得一个定额补贴。补贴不再与特定产品的价格、实际产量挂钩,也不再实施面积控制计划,消除补贴对农民种植决策的影响,让接受补贴的农民可根据市场需要灵活决定种植什么作物。农民可以在其享受补贴的某种作物法定补贴面积上种植任何有补贴资格的其他农作物[①]。所以,这种新的脱钩补贴被形象命名为"生产灵活性合同补贴"(Production Flexibility Contract Payments,PFCP)。美国在WTO通报中把生产灵活性合同补贴作为"绿箱"中脱钩的收入补贴对待,从而规避了AMS约束。

虽然生产灵活性合同补贴在WTO规则框架下属于"绿箱"措施,但是,其弊端在于,生产灵活性合同补贴是定额补贴,补贴标准不能根据价格变动进行调整,价格很低时补贴不足,价格很高时补贴浪费,换言之就是补贴标准不能根据市场风险的需要进行调整。为了在WTO规则框架下寻找更有效率的农业支持手段,《1996年农业法案》加大农业保险补贴和灾害救助的支持力度,授权农业风险管理局加快农业保险产品设计创新。联邦政府于2000年颁布了《农业风险保护法案》,规范并促进了作物收入保险、指数保险等新型保险产品快速发展。自《1996年农业法案》以后,学术界把美国的农产品补贴政策、农业保险计划、灾害救助政策并称为美国农场收入安全网政策体系(Farm income safety net),如图4-3。

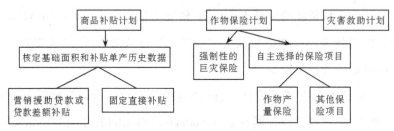

图4-3 《1996年农业法案》下的农场收入安全网政策体系

4.1.2.2 《2002年农业法案》

按照《1996年农业法案》,美国原计划到2002年完全取消政府对农民的价格

---

① 据《1996年农业法案》第102条,农民可选择种植的农作物包括小麦、玉米、高粱、大麦、燕麦、陆地棉和大米。

补贴,减少收入补贴。但是,进入21世纪,美国国内外形势发生了巨大变化①,最终经各方博弈形成的《2002年农业法案》并没有延续《1996年农业法案》削减补贴的计划,反而在《1996年农业法案》政策的基础上全面增加农业的投资和补贴。增加的补贴既要能够满足风险管理的需求,又必须面临WTO"黄箱"规则的约束。所以《2002年农业法案》在《1996年农业法案》政策基础上做了如下改革调整。

第一,把《1996年农业法案》下的生产灵活性合同补贴固定在恒定水平上,并将其改名为"固定直接补贴"(Fixed Direct Payments,FDP)。即把单位产品的补贴标准固定下来,例如,每年度每蒲式耳小麦补贴52美分,按照历史基期的面积的85%乘以历史单产得到的固定产量进行发放。之所以不直接增加生产灵活性合同补贴,而是将其固定,是因为,生产灵活性合同补贴虽然能很好地适应WTO规则,但不能有效管理农产品价格风险,缺乏补贴效率。

第二,在固定直接补贴(FDP)的基础上重新引入能够反映价格风险的目标价格差额补贴机制。为了规避WTO"黄箱"上限约束,对新的目标价格补贴方式进行了"半脱钩"设计。即,当有效价格(实际市场价格和贷款率中的较高者加上单位产品固定直接补贴)低于目标价格时,按照固定基期产量的85%发放差价补贴,农民可以在补贴面积上种植任何有补贴资格的农作物。这种只与特定产品价格挂钩、与特定产品实际生产面积和产量脱钩的目标价格补贴被称为"反周期补贴"(Counter-Cyclical Payments,简称CCP)。反周期补贴既能根据价格变动确定补贴标准,提高了补贴效率;又能让补贴与生产脱钩,以便按照"非特定产品支持"进行通报,在一定程度上规避了"黄箱"约束。

第三,《2002年农业法案》进一步增加了农业保险补贴预算。保险项目包括

---

① 第一,美国经济经过20世纪90年代较长时期的扩张和繁荣后,进入经济衰退期,"9·11"事件更使其雪上加霜。为了复苏经济和激活市场,布什政府放弃了过去所实行的平衡性财政政策,使用扩张性财政政策刺激市场和经济。第二,全球一体化进程加快使农业市场风险增加,气候因素使农业自然风险增加。国际农产品价格走低,农场主收入锐减,但是《1996年农业法案》确定的生产灵活性补贴是总额固定、按照历史产量摊派的直接补贴,没有价格触发机制,所以无法在农产品价格大幅下跌的情况下有效保障农场收入。农业利益集团强烈要求增加农业补贴。第三,2001年年底,世贸组织第四届部长级会议在多哈通过了《部长宣言》,决定2003年开始新一轮全球贸易谈判。日本、欧盟相继提高了农业补贴水平。美国通过农业立法提高的农业补贴,可增加美国在新一轮多边贸易谈判中的分量和筹码,扩大它在多哈贸易谈判中要价或让步的余地。

作物产量保险(灾害保险)、作物价格指数保险(目标价格保险)、作物收入保险、农场总收入保险、天气指数保险、利润保险等。

《2002年农业法案》建立了挂钩补贴(MAL和LDP属于挂钩补贴)、脱钩补贴(FDP属于脱钩补贴)、"半脱钩"补贴(CCP属于半脱钩补贴)以及农业保险、灾害救助等多种政策工具综合运用的农场收入安全网政策体系(如图4-4所示)。

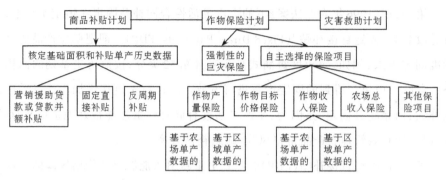

图4-4 《2002年农业法案》下的农场收入安全网政策体系

4.1.2.3《2008年农业法案》

《2008年农业法案》基本延续了《2002年农业法案》下对生产者支持的所有政策措施,并在此基础上新增加了一项基于单位面积实际收入和目标收入的差额补贴政策——平均作物收入补贴选项(Average Crop Revenue Election Program,简称ACRE)。

平均作物收入补贴选项(ACRE)可以理解为目标收入补贴。具体是指,当特定农产品单位面积的实际产量乘以市场价格得到的实际收入低于历史平均产量的90%乘历史平均价格得到的目标收入时,按照实际种植面积补贴两者的差额。即补贴额=(单位面积目标收入—单位面积实际收入)×有资格获得ACRE的实际面积。之所以要增加平均作物收入补贴选项(ACRE),是由于《2002年农业法案》设计的反周期补贴只考虑到了价格因素对生产者收入的影响,而没有考虑到产量和价格反向变动因素对农场收入的影响,即在"减产—高价"和"丰收—低价"情形中,分别会出现补贴不足和补贴过度的效率损失。比如,在大范围大幅度减产的情况下,市场价格一般会上涨,如果农场产量减少造成的收入损失不足以被价格上涨的收益弥补,实际收入是净减少的,但这种情况下往往市场价高于目标价格,则反周期补贴不会被触发。相反,"丰收—低价"的情况下,产量增加带来的收入增加超过价格下跌造成的收入损失,实际收入是净增加的,但这种情况往往市场价低于目标价格,反周期补贴仍然会被触发,产生补贴浪费。所以《2008年农业法案》在反周期补贴(CCP)基础上,创新出平均作物收入补贴选项(ACRE),以目标收入为补贴触发标准。ACRE补贴同时考虑产量和价格两个要素的风险,保障的收入风险更全面。平均作物收入补贴选项(ACRE)作为反周期补贴的备选政策,故称"选项"(Election Program),即生产者可以在反周期补贴(CCP)和平均作物收入选择补贴(ACRE)两者中选择一个。如果生产者对某种产品选择了ACRE补贴项目,则不能再选择CCP补贴项目,同时还必须减少该产品20%的固定直接补贴和30%的营销援助贷款补贴。

经《2008年农业法案》调整后,农场收入安全网政策体系包含政府直接补贴、农作物保险和灾害救助三大部分(如图4-5所示)。其中政府直接补贴包括脱钩的固定直接补贴(FDP)、半脱钩的反周期补贴(CCP)、挂钩的平均作物收入补贴选项(ACRE)、营销援助贷款(MAL)或贷款差额补贴(LDP),农作物保险包括强制性的巨灾保险和生产者可以自主选择的保险产品。上述各种政策工具组合在一起,构成美国农产品支持政策的"工具箱"。这些政策工具有机结合、互为补充,以实现在不同风险和损失条件下启动不同的政策工具,保障了生产者的收入稳定。

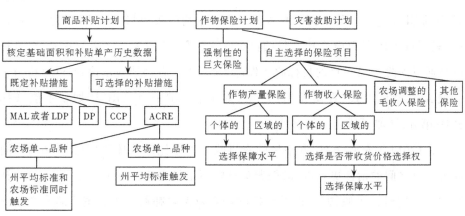

图4-5 《2008年农业法案》下的农场收入安全网政策体系

4.1.2.4《2014年农业法案》

由于《2008年农业法案》调整后的政策体系仍存在以下两方面的主要问题：一是财政成本很高，部分补贴措施直接存在交叉重复补贴现象，补贴效率较低，比如固定直接补贴（FDP）缺乏效率，平均作物收入补贴选项和收入保险补偿有重叠部分；二是，平均作物收入补贴选项（ACRE）属于挂钩补贴，仍受到WTO"黄箱"规则的约束。同时需要考虑2010年以来受美国财政状况恶化、多哈回合受阻、农产品贸易争端等因素影响。因此，美国自2012年开始对农业政策进行调整，经过两年的艰难协商，颁布了《2014年农业法案》，其中对农产品支持政策体系进行的调整主要包括以下几个方面。

第一，取消了完全脱钩缺乏效率的固定直接补贴措施（FDP）[1]，从而节省财政支出；第二，把反周期补贴（CCP）改名为"价格损失保障"（Price Loss Coverage，简称PLC），相较于CCP，PLC的目标价格水平大幅提高，而具体操作不变；第三，把按照实际面积和产量计算的平均作物收入补贴选项（ACRE）改为按照历史面积和历史产量计算补贴的农业风险保障补贴（Agriculture Risk Coverage，简称ARC），ARC相当于是对ACRE进行了"半脱钩化"调整的产物；第四，增加了农作物补充保险选项（Supplemental Coverage Option，简称SCO）作为ARC的替代方案[2]，农作物补充保险选项（SCO）和农业风险保障补贴（ARC）的触发机制完全相同，都是县级平均每英亩实际收入低于县级平均每英亩目标收入时给生产者补偿，只不过ARC是政府直接支付的目标收入补贴，不需要生产者交保费，SCO补偿是通过保险公司支付的目标收入保险，需要生产者缴纳一定保费，SCO相当于是把ARC操作方式"保险化"的产物，如果农场选择了ARC计划就不能选择SCO；第五，增加了利润保险项目。

在《2014年农业法案》调整后的农场收入安全网政策体系中（图4-6），不同政策工具之间的衔接更精准，既能避免补贴不足又避免补贴重复，提高了财政补贴效率。同时，"半脱钩化"的补贴措施和农业保险补贴成为最主要的农产品支

---

① 根据美国的国内支持WTO通报显示，该措施在2008–2012年每年支出近50亿美元。

② 生产者在ARC和SCO两种政策工具中只能任选一项。之所叫作补充保险选项（Supplemental Coverage Option），是因为SCO是对原保险计划没有覆盖到的或原保险项目免赔的那部分收入损失的一种附加保险选项。

持工具,对WTO规则具有更好的适应性。

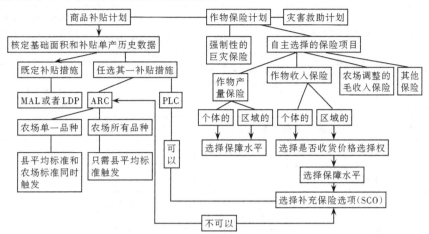

图4-6 《2014年农业法案》下农场收入安全网政策体系

4.2 主要支持措施分析

正如Hart and Babcock(2001)所说,补贴操作细节决定了具体补贴措施的"归箱"分类[①]。本节详细分析自《农业协定》生效以来,美国实施的基于农产品的主要支持措施的操作细节,为后文判断这些支持措施的"归箱"分类奠定基础。

《农业协定》生效以来,美国实施的基于农产品的主要支持措施及其变化情况,按照主要产品进行归纳,如表4-1所示。本节将对无追索权贷款(NL)、营销援助贷款(MAL)和贷款差额补贴(LDP)、生产灵活性合同补贴(PFCP)和固定直接补贴(FDP)、反周期补贴(CCP)价格损失保障补贴(PLC)、平均作物收入补贴(ACRE)和农业风险保障补贴(ARC)、农作物保险及其财政补贴、对棉花的专项补贴和对牛奶及其制品的专项补贴进行详细分析,为后文进一步判断美国对各类措施进行的WTO通报是否符合WTO"分箱而治"的规则条款奠定基础。

表4-1 《农业协定》生效以来主要农产品支持措施及其变化一览表

主要措施	《1996年农业法案》	《2002年农业法案》	《2008年农业法案》	《2014年农业法案》
无追索权贷款	食糖、花生	食糖	食糖	食糖
管理价格政策	牛奶及其制品	牛奶及其制品	牛奶及其制品	

---

① Hart, C. and B.A. Babcock, U.S. Farm Policy and the WTO. Iowa Ag Review Online, 2001(2).

续表

主要措施	《1996年农业法案》	《2002年农业法案》	《2008年农业法案》	《2014年农业法案》
营销援助贷款 贷款差额补贴 贷款贴息	小麦、玉米、高粱、大麦、燕麦、陆地棉、长绒棉、大米、大豆、其他油料、花生、烟草	小麦、玉米、高粱、大麦、燕麦、陆地棉、长粒米、中粒米、大豆、其他油料、干豌豆、扁豆、小鹰嘴豆、分级羊毛、不分级羊毛、海马毛、蜂蜜、花生、烟草		小麦、玉米、高粱、大麦、燕麦、陆地棉、长绒棉、长粒米、中粒米、大豆、其他油料、干豌豆、扁豆、小鹰嘴豆、大鹰嘴豆、分级羊毛、不分级羊毛、海马毛、蜂蜜、花生、烟草
存储费用补贴	小麦、玉米、高粱、大麦、燕麦、棉花			
生产灵活性合同补贴	小麦、玉米、高粱、大麦、燕麦、陆地棉、大米	—	—	—
固定直接补贴	—	小麦、玉米、高粱、大麦、燕麦、陆地棉、长粒米、中粒米、大豆、其他油籽		—
反周期补贴	—	小麦、玉米、高粱、大麦、燕麦、陆地棉、长粒米、中粒米、大豆、其他油料	小麦、玉米、高粱、大麦、燕麦、陆地棉、长粒米、中粒米、大豆、其他油料、干豌豆、扁豆、小鹰嘴豆、大鹰嘴豆	—
平均作物收入补贴(ACRE)	—	—		—
价格损失保障(PLC)	—	—	—	小麦、玉米、高粱、大麦、燕麦、长粒米、中粒米、大豆、其他油料
农业风险保障(ARC)				
农作物保险补贴	凡是有条件开展规定的农作物保险项目的作物都按规定比例给保费补贴			
其他特定产品专项补贴	棉花、食糖、牛奶	棉花、食糖、牛奶	棉花、食糖、牛奶	棉花、食糖、牛奶

资料来源：作者根据美国历年农业法案原文和众多研究文献归纳整理。

4.2.1 无追索权贷款、营销援助贷款、贷款差额补贴和贷款贴息

无追索权贷款(NL)政策创建于《1933年农业法案》,营销援助贷款(MAL)政策是从《1985农业法案》开始逐步把无追索权贷款(NL)变为有追索权贷款、去掉其价格支持机制后演化而来的。无论是无追索权贷款还是营销援助贷款,都是由农业部和农场信贷管理局联合创建的商品信贷公司(Commodity Credit Corporation,简称CCC)负责实施的;农民以农产品作为抵押的,有利息补贴的低息贷款(贷款利息比同期市场利息低1个百分点)。营销援助贷款(MAL)和贷款差额补

贴(LDP)是有资格获得贷款的农产品在有贷款和没有贷款两种情况下的不同补贴支付方式。无追索权贷款(NL)、营销援助贷款(MAL)、贷款差额补贴(LDP)和贷款贴息也可以理解为同一个政策的四种不同支持方式,NL、MAL、LDP之间的关系可用图4-7表示。

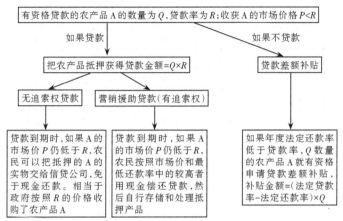

图4-7　无追索权贷款、营销援助贷款、贷款差额补贴之间关系图

在无追索权贷款政策被改为营销援助贷款政策之前,贷款率兼顾着信贷支持和价格支持的双重功能,就相当于最低收购价,贷款率越高,价格支持水平越高,其市场扭曲作用就越大。无追索权贷款政策被改为营销援助贷款政策之后,贷款率相当于计算贷款收益或贷款差额补贴的目标价格,贷款率越高,农民从贷款中获得收益或补贴就越多,财政支出就越大。所以,贷款率水平的高低是无追索权贷款、营销援助贷款或贷款差额补贴政策实施的关键。20世纪80年代,各农产品较高的贷款率水平,是造成市场扭曲的重要原因之一。自《1990年农业法案》开始,把农产品的贷款率水平稳定在很低的水平,直到《2014年农业法案》仍基本维持这一水平(见表4-2)。根据美国农业统计资料,1996年以来,贷款率水平大约是20世纪90年代农产品生产的平均现金成本。尽管90%以上的农民都会选择营销援助贷款,但由于自《1996年农业法案》以来,农产品贷款率水平相当低,除了个别年份市场价格极端低的情况,农民从营销援助贷款中得到收益或贷款差额补贴的可能性非常少,农民普遍获得的主要是贷款贴息。

表4-2　农产品贷款率水平:自《1996年农业法案》以来

商品(单位)	《1996年农业法案》	《2002年农业法案》		《2008年农业法案》			《2014年农业法案》
	1996—2001	2002—2003	2004—2007	2008	2009	2010—2013	2014—2018
小麦($/蒲式耳)	2.58	2.8	2.75	2.75	2.75	2.94	2.94
玉米($/蒲式耳)	1.89	1.98	1.95	1.95	1.95	1.95	1.95
高粱($/蒲式耳)	—	1.98	1.95	1.95	1.95	1.95	1.95
大麦($/蒲式耳)	—	1.88	1.85	1.85	1.85	1.95	1.95
燕麦($/蒲式耳)	—	1.35	1.33	1.33	1.33	1.39	1.39
陆地棉($/磅)	50~51.9	0.52	0.52	0.52	0.52	0.52	0.45~0.52
长绒棉($/磅)	—	0.8	0.7977	0.7977	0.7977	0.7977	0.8
长粒米($/英担)	6.5	6.5	6.5	6.5	6.5	6.5	6.5
中粒米($/英担)	6.5	6.5	6.5	6.5	6.5	6.5	6.5
大豆($/蒲式耳)	5.26	5	5	5	5	5	5
其他油料($/英担)	—	10.57	10.42	9.3	9.3	10.09	10.09
干豌豆($/英担)	—	6.33	6.22	6.22	5.4	5.4	5.4
扁豆($/英担)	—	6.33	11.72	11.72	11.28	11.28	11.28
小鹰嘴豆($/英担)	—	7.56	7.43	7.43	7.43	7.43	7.43
大鹰嘴豆($/英担)	—	3	—	—	11.28	11.28	11.28
分级羊毛($/磅)	—	1	1	1	1	1.15	1.15
不分级羊毛($/磅)	—	0.4	0.4	0.4	0.4	0.4	0.4
海马毛($/磅)	—	4.2	4.2	4.2	4.2	4.2	4.2
蜂蜜($/磅)	—	0.6	0.6	0.6	0.6	0.69	0.69
花生($/吨)	355	355	355	355	355	355	355

注:①蒲式耳(bushel)是一种定量容器,类似于我国旧时的斗、升等计量容器,据美国大豆协会统计单位换算表,1蒲式耳大豆的重量是60磅或27.2155千克。②磅(pound)是重量单位,1磅合0.45359237千克。③英担(hundredweight)是重量单位1英担=112磅=50.802千克。(下文同)④1996—2001年棉花贷款率为前五年指定现货市场平均报价奥林匹克平均值的85%,或者每年7月1日开始连续15个周北欧棉花期货交易所的平均价的90%。但不得低于50且不得高于51.92。

资料来源:根据1996年、2002年、2008年、2014年农业法案原文整理。

4.2.2 生产灵活性合同补贴和固定直接补贴

《1996年农业法案》下的生产灵活性合同补贴(PFCP)和《2002年农业法案》《2008年农业法案》下的固定直接补贴(FDP)是同一政策在不同阶段的不同叫法,他们的本质都是按照某一农产品历史生产水平的85%发放的、和农产品实际价格、实际面积、实际单产无关(脱钩)的定额补贴。这两种补贴也被称为"脱钩的收入补贴"(Decoupled income support)。单位产品定额补贴的标准被称为"补贴率"(Payment rate)。在《1996年农业法案》下的生产灵活性合同补贴政策中,各作物补贴率(单位产品补贴金额)是按照每种作物补贴年度预算总额[1]除以有补贴资格的总产量[2]确定。《2002年农业法案》和《2008年农业法案》直接规定了每种产品固定的补贴率,其实质也是按照《1996年农业法案》生产灵活性补贴的标准匡算的(见表4-3)。

表4-3 补贴率:生产灵活性合同补贴、固定直接补贴

补贴的产品(单位)	《1996年农业法案规定的生产灵活性补贴率》	《2002年农业法案规定的直接补贴率》	《2008年农业法案规定的直接补贴率》
小麦($/蒲式耳)		0.52	0.52
玉米($/蒲式耳)		0.28	0.28
高粱($/蒲式耳)		0.35	0.35
大麦($/蒲式耳)	每种产品年度生产灵活性合同补贴预算总金额除以有资格补贴的总产量	0.24	0.24
燕麦($/蒲式耳)		0.024	0.024
陆地棉($/磅)		0.0667	0.0667
长粒米($/英担)		2.35	2.35
中粒米($/英担)		2.35	2.35
大豆($/蒲式耳)	—	0.44	0.44
其他油籽($/英担)	—	0.896	0.80
花生($/吨)	—	36	36

资料来源:根据《1996年农业法案》第111—113条、《2002年农业法案》第1101—1103条、《2008年农业法案》第1101—1103条归纳整理。

生产灵活性合同补贴(PFCP)和固定直接补贴(FDP)被美国解释为脱钩的收

---

①《1996年农业法案》第113条规定,1996—2002年,各年份生产灵活性合同补贴总预算分别为57亿美元、53.85亿美元、58亿美元、56.03亿美元、51.3亿美元、41.3亿美元、40.08亿美元;各种作物的分配比例为:小麦26.26%、玉米46.22%、高粱5.11%、大麦2.16%、燕麦0.15%、陆地棉11.63%、大米8.47%。

② 全国参加生产灵活性合同的所有农户的有资格补贴的总产量。每个农户有资格获得补贴的每种作物的总产量等于基础面积的85%乘以1985年差价补贴政策中确立的平均单产数据计算。其中,基础面积是依据《1949年农业法案》规定确定的该农户基本农作物的基期面积扣除休耕面积,休耕合同到期以后恢复耕种的,再把休耕回复的面积加上。

入补贴,其理由是,补贴与特定产品现期实际生产情况、价格等要素无关。比如,一个棉农按其历史基期种植棉花面积的85%乘以历史棉花平均单产获得棉花的定额补贴,但如果棉花市场价格不好,这个棉农可以自由选择种植其他有补贴资格的作物,而不种棉花,但补贴金额不变。农民可获得某种农产品的直接补贴额取决于期历史生产情况和该种产品的补贴率。但补贴额是分品种计算的,不同农产品的补贴率不同。

农户从某一农产品可得的固定直接补贴额(Payment amount)=补贴率(Payment rate)×基础面积(Base acres)×85%×补贴单产(Payment yield)。具体计算如表4-4所示。

表4-4　生产灵活性合同补贴、固定直接补贴之补贴金额计算

计算补贴额的变量	生产灵活性合同补贴(PFCP)(1996—2001年)	固定直接补贴(FDP)(2002—2013年)
A 补贴率(Payment rate)	见表4-3	见表4-3
B 基期基础面积(Base acres)	在1991—1995年间,每年实际种植面积加上因自然灾害等不可能抗拒因素导致的当年没有种植的面积之和的4年平均值,在此基础上,以后每年根据当期休耕面积增减变化进行调整	在1998—2001年间,每年实际种植面积加上因自然灾害等不可能抗拒因素导致的当年没有种植的面积之和的4年平均值,在此基础上,以后每年根据当期休耕面积增减变化进行调整
C 补贴面积(Payment acres)	B×85%	B×85%
D 补贴单产(Payment yield)	依据《1949年农业法案》中补贴措施确定单产的方法确定的单产数据。如果某农场还没有建立单产数据,则农业部长根据与之相似的农场的单产水平给确定一个差不多的单产数据,确定之后固定不变	用《1996年农业法案》生产灵活性合同补贴中建立的补贴单产数据,如果某农场还没有建立补贴单产数据,则农业部长根据与之相似的农场的单产水平给确定一个差不多的补贴单产数据,确定之后固定不变
E 补贴额(Payment amount)	E=A×B×85%×D=A×C×D	E=A×B×85%×D=A×C×D

资料来源:根据《1996年农业法案》第111—113条、《2002年农业法案》第1101—1103条、《2008年农业法案》第1101—1103条归纳整理。

无论是《1996年农业法案》下的生产灵活性合同补贴(PFCP)和《2002年农业法案》《2008年农业法案》下的固定直接补贴(FDP)都不是一个孤立的政策措施,而是和营销援助贷款或贷款差额补贴配合使用的。定额补贴和营销援助贷款或贷款差额补贴配合使用的效果如图4-8所示。显然,如果某农民现期实际种植

的农作物和按照历史基期获得补贴的作物是相同的,那么该农民生产出来的有资格获得补贴的那部分产量,在不考虑贷款利息的情况下,单位产品的最终受益是市场价格和贷款率之间的较高者加上单位产品定额补贴(补贴率)。2002年、2008年农业法案将市场价格和贷款率中的较高者加上固定直接补贴定义为有效价格(effect price)。

即:有效价格 P_e = max{市场价格 P,贷款率 P_1}+单位产品定额补贴。

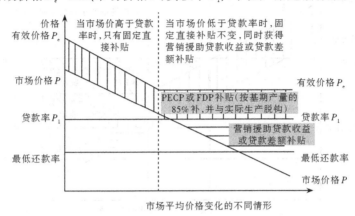

图4-8   生产灵活性合同补贴和贷款差额补贴配合使用效果示意图

4.2.3 反周期补贴(CCP)和价格损失保障补贴(PLC)

《2002年农业法案》《2008年农业法案》下的反周期补贴(CCP)和《2014年农业法案》下的价格损失保障补贴(PLC),实质也是同一种政策在不同阶段的两种不同叫法。两者都是与特定农产品实际生产的面积、产量无关(脱钩)、与价格有关(挂钩)的"半脱钩"差价补贴政策。之所以说反周期补贴(CCP)和价格损失保障补贴(PLC)是与生产脱钩的,是因为补贴金额是基于特定农产品历史基期生产水平的85%计算的,和特定产品现期实际生产的面积和产量无关,这一点和固定直接补贴完全一致。之所以说反周期补贴(CCP)和价格损失保障补贴(PLC)是与特定产品价格钩的,是因为CCP、PLC的补贴率(单位产品补贴标准)是根据有效价格和目标价格之间的差额确定的。当有效价格大于等于目标价格时,不触发补贴,有效价格和目标价格的差额越大,补贴越多,补贴标准能够根据价格变化进行自动调整。这种"半脱钩"的补贴方式,不仅更好地反映市场风险,提高补贴效率,而且让补贴与生产脱钩,在一定程度上规避了WTO"黄箱"补贴上限的约束。反周期补贴(CCP)和价格损失保障补贴(PLC)也都不是孤立的政策措施,

《2002年农业法案》《2008年农业法案》下的反周期补贴是和固定直接补贴、营销援助贷款或贷款差额补贴配合使用的（如图4-9所示），《2014年农业法案》取消了固定直接补贴，价格损失保障补贴（PLC）是和营销援助贷款或贷款差额补贴配合使用的（如图4-10所示）。

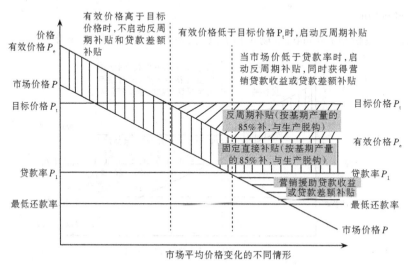

图4-9　反周期补贴、固定直接补贴和营销援助贷款（或贷款差额补贴）配合使用的效果图

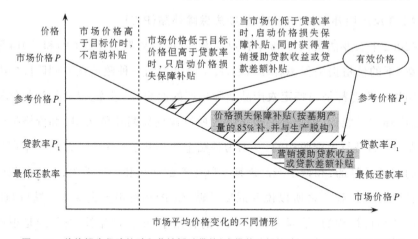

图4-10　价格损失保障补贴和营销援助贷款（或贷款差额补贴）配合使用的效果示意图

在反周期补贴（CCP）中，有效价格 $P_e=\max\{$市场价格 P，贷款率 $P_l\}$+单位产品定额补贴；由于《2014农业法案》取消了固定直接补贴，所以在价格损失保障补贴中，有效价格 $P_e=\max\{$市场价格 P，贷款率 $P_l\}$。

农户从某一农产品可得到的反周期补贴额=（目标价格 P_t — 有效价格 P_e）×基

础面积×85%×补贴单产={目标价格P_t—[max(市场价格P,贷款率P_1)+固定补贴率]}×基础面积×85%×补贴单产。

农户从某一农产品可得到的价格损失保障补贴额=(参考价格P_r—有效价格P_e)×基础面积×85%×补贴单产={参考价格P_r-max(市场价格P,贷款率P_1)}×基础面积×85%×补贴单产。具体计算依据如表4-5所示。

表4-5 反周期补贴和价格损失保障补贴:补贴金额计算

计算补贴额的变量	反周期补贴(CCP)(2002—2013年)	价格损失保障补贴(PLC)(2014—2018年)
A 补贴率 (Payment Rate)	有效价格低于目标价格的差额部分	有效价格低于参考价格的差额部分
B 基础面积 (Base acres)	在1998—2001年间,每年实际种植面积加上因自然灾害等不可能抗拒因素导致的当年没有种植的面积之和的4年平均值,在此基础上,以后每年根据当期休耕面积增减变化进行调整	在2013年反周期补贴确定的基础面积基数上,以后每年根据当年休耕面积增减变化进行调整;也可以根据2009—2012年实际种植情况对基础面积进行一次重新分配
C 补贴面积 (Payment acres)	$B×85\%$	$B×85\%$
D 补贴单产 (Payment yield)	用《1996年农业法案》生产灵活性合同补贴中建立的补贴单产数据,如果某农场还没有建立补贴单产数据,则农业部长根据与之相似的农场的单产水平给确定一个恰当的补贴单产数据,确定之后固定不变	用反周期补贴中建立的补贴单产数据,如果某农场还没有建立补贴单产数据,则农业部长根据与之相似的农场的单产水平确定一个恰当的补贴单产数据,确定之后固定不变。也可以根据2008—2012年的农场实际产单产水平对补贴单产数据进行一次更新
E 每种作物补贴额 (Payment amount)	$E=A×B×85\%×D=A×C×D$	$E=A×B×85\%×D=A×C×D$

资料来源:根据《1996年农业法案》第111—113条、《2002年农业法案》第1101—1103条、《2008年农业法案》第1101—1103条归纳整理。

在目标价格水平的确定上,《2002年农业法案》吸取1977-1985年期间过高的目标价格推高生产成本和增加财政负担的历史教训,设定的目标价格延续了《1990年农业法案》确定的目标价格水平,约为完全生产成本长期平均值的80%~90%(具体比例因品种而异)。《2008年农业法案》基本延续了《2002年农业法案》确定农产品目标价格水平,因为取消了固定直接补贴,《2014年农业法案》大幅提高了目标价格水平。2002年以来,农产品目标价格(参考价格)如表4-6所示。

表 4-6　农产品目标价格(参考价格):反周期补贴、价格损失保障补贴

农产品(单位)	《2002年农业法案》规定的目标价格		《2008年农业法案》规定的目标价格			《2014年农业法案》规定的参考价
	2002—2003年	2004—2007年	2008年	2009年	2010—2013年	2014—2018年
小麦($/蒲式耳)	3.86	3.92	3.92	3.92	4.17	5.5
玉米($/蒲式耳)	2.6	2.63	2.63	2.63	2.63	3.7
高粱($/蒲式耳)	2.54	2.57	2.57	2.57	2.63	3.95
大麦($/蒲式耳)	2.21	2.24	2.24	2.24	2.63	4.95
燕麦($/蒲式耳)	1.4	1.44	1.44	1.44	1.79	2.4
陆地棉($/磅)	0.724	0.724	0.7125	0.7125	0.7125	—
长粒米($/英担)	10.5	10.5	10.5	10.5	10.5	14
中粒米($/英担)	10.5	10.5	10.5	10.5	10.5	14
大豆($/蒲式耳)	5.8	5.8	5.8	5.8	6	8.4
其他油料($/英担)	10.976	11.312	10.1	10.1	12.68	20.15
花生($/吨)	495	495	495	495	495	535
干豌豆($/英担)	—	—	—	8.32	8.32	11
扁豆($/英担)	—	—	—	12.81	12.81	19.97
小鹰嘴豆($/英担)	—	—	—	10.36	10.36	19.04
大鹰嘴豆($/英担)	—	—	—	12.81	12.81	21.54

资料来源:根据2002年、2008年、2014年农业法案原文整理。

4.2.4 平均作物收入补贴(ACRE)与农业风险保障补贴(ARC)

《2008年农业法案》下的平均作物收入补贴(ACRE)和《2014年农业法案》下的农业风险保障补贴(ARC),两者都是基于单位面积农产品实际收入和目标收入之间差额的补贴,可以将其理解为"目标收入补贴"。单位面积的农产品收入(Revenue)即为单位面积农产品平均单产和价格的乘积。平均每英亩实际收入低于平均每英亩目标收入时触发补贴。与"目标价格补贴"的价格触发机制相比,平均收入触发补贴的机制同时考虑了价格和单产两个要素的叠加风险,价格对应的是市场风险,单产对应的是自然风险。所以"目标收入补贴"同时考虑了市场风险和自然风险。这也正是《2014年农业法案》将这种补贴措施改名为"农业风险保障补贴(ARC)"的合理解释。

单位面积补贴金额被定义为ACRE和ARC补贴的"补贴率（Payment Rate）"。补贴率是每英亩农产品目标收入与实际收入的差额和单位面积补贴最高限额中的较低者。计算每英亩平均收入（Average Crop Revenue）使用的平均单产分为农场层面平均（Farm Level）、县级平均（County Level）、州级平均（State Level）三个层面。ACRE补贴是按每种农产品州级平均单产水平计算的。ARC补贴中，如果农民只对一种特定作物选择ARC补贴，则补贴额要按照县平均单产水平计算；如果农民其农场所有作物都选择ARC补贴，则补贴额要按照农场所有补贴作物加权平均水平计算。平均作物收入补贴（ACRE）和农业风险保障补贴（ARC）的补贴额计算也不完全相同。ACRE补贴金额=补贴率×实际种植面积85%×农场相对生产效率系数[①]；县级平均单产计算的ARC补贴金额=补贴率×基础面积×85%；农场加权平均单产计算的ARC补贴额金额=补贴率×基础面积×65%。具体计算方法详见表4-7。

表4-7　平均作物收入补贴（ACRE）农业风险保障补贴（ARC）补贴额计算方法

计算补贴额的变量	平均作物收入补贴（ACRE）	县级ARC补贴计算	农场级ARC补贴计算
A 补贴金额	$A=\min\{(C-D),25\%C\}\times G\times H$	$A=E=\min\{(C-D),10\%B\}\times G$	$A=E=\min\{(C-D),10\%B\}\times G$
B 平均每英亩基准收入（Benchmark Revenue）	州平均每英亩基准收入=近2年全国平均生产者价格×近5年全州奥林匹克平均单产	县平均每英亩基准收=max（全国12个月平均生产者价,参考价）的最近5年的奥林匹克平均值×县最近5年的奥林匹克平均单产	农场平均每英亩基准收=农场所有补贴产品按照参考价格计算的年度总产值最近5年的奥林匹克平均值除以最近5年的每种补贴产品年均种植面积总和
C 平均每英亩目标收入（Target Revenue）	平均每英亩目标收入为基准收入的90%。即，$C=B\times90\%$	平均每英亩目标收入为基准收入的86%。即，$C=B\times86\%$	平均每英亩目标收入为基准收入的90%。即，$C=B\times86\%$
D 平均每英亩实际收入	州平均每英亩实际收入=州平均实际单产×max（当期全国平均生产者价格,贷款率）	县平均每英亩实际收入=县平均实际单产×max（当期全国市场平均价,贷款率）	农场级每英亩实际收入=农场所有保障作物实际收入总和除以农场所有补贴产品实际种植面积总和
E 补贴率（Payment Rate）:每英亩补贴额	补贴率为目标收入减去实际收入的差额，但又不得超过目标收入的25%。即$E=\min\{(C-D),25\%C\}$	补贴率为目标收入超过实际收入的部分,但补贴不超过基准收入的10%。即,$E=\min\{(C-D),10\%B\}$	补贴率为目标收入超过实际收入的部分,但补贴不超过基准收入的10%。即$E=\min\{(C-D),10\%B\}$

---

① 农场相对生产效率用（农场最近5年奥林匹克平均单产/州最近5年奥林匹克平均单产）×100%表示。

续表

计算补贴额的变量	平均作物收入补贴(ACRE)	县级ARC补贴计算	农场级ARC补贴计算
F 基础面积(Base acres)	—	和PLC补贴规定的基础面积相同(基期面积)	所有补贴农作物基础面积之和(基期面积)
G 补贴面积(Payment acres)	补贴面积=实际种植面积×85%。	补贴面积=基础面积的85%。即,$G=F×85\%$	补贴面积=基础面积的65%。即,$G=F×65\%$
H 农场相对生产效率系数	农场最近5年的奥林匹克平均单产 / 州最近5年的奥林匹克平均单产	—	—

资料来源:根据2008年、2014年农业法案原文归纳整理。

在表4-7中可见,补贴率的计算比较复杂,图4-11和图4-12可以更加形象地表示ACRE、县级ARC补贴中补贴率的内涵,农场级ARC补贴的补贴率和县级ARC补贴的补贴率示意图相似。需要说明的是,之所以在ACRE和ARC补贴中,单位面积补贴金额有最高限额约束,其主要原因是,ACRE和ARC作为政府直接支付的目标收入补贴,其功能仅用于弥补浅层次的损失风险,更深层次的损失风险要农民自己选择购买农作物保险等市场化手段进行管理。

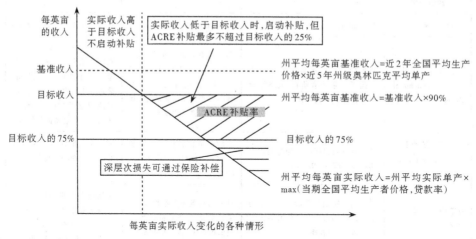

图4-11 ACRE补贴率的内涵示意图

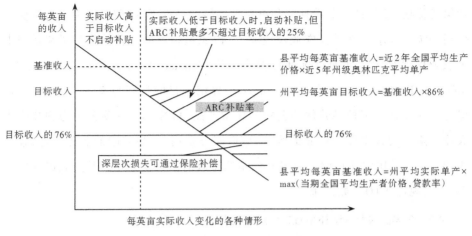

图4-12　ARC补贴率的内涵示意图

表4-7和图4-11、图4-12共同说明了一个农民在ACRE、县级ARC、农场级ARC三种不同补贴措施下补贴金额的计算方法。可见,ACRE补贴不仅与特定农产品实际生产的面积、单产、价格完全挂钩,而且补贴还要与农场的相对生产效率挂钩;ARC补贴是按历史基期面积计算补贴额的,是与特定农产品生产脱钩的"半脱钩"补贴。ACRE改为ARC的主要目的就为了规避WTO"黄箱"约束。

4.2.5 农作物保险及其财政补贴

4.2.5.1 美国政策性农业保险的经营模式

美国农业保险先后经历了纯粹私营和纯粹国营模式的失败,在乌拉圭回合《农业协定》达成的当年,颁布《1994年联邦作物保险改革法案》[1],开始改革政策性农业保险经营体制,《1996年农业法案》第226章A节制定了给符合条件的农业保险公司提供补贴和再保险的规定。同年农业部成立农业风险管理局(Risk Management Agency),负责管理联邦中央农业保险公司(Federal Crop Insurance Corporation,简称FCIC),FCIC联合私营保险公司及其保险代理机构负责开展有政府补贴的具体农业保险业务。从1998年开始,FCIC通过向指定的私营保险公司提供再保险支持,正式形成财政提供补贴、公私联合经营的现行农业保险经营模式:17家指定的私营农业保险公司在农业部风险管理局(RMA)领导的国营联邦中央农业保险公司(Federal Crop Insurance Corporation,简称FCIC)提供给生产

---

① USDA-RMA:History of the Crop Insurance Program, http://www.rma.usda.gov/aboutrma/what/history.html.

者保费补贴、经营管理费用补贴和再保险支持的条件下,按照联邦中央农业保险公司的统一要求开展具体农业保险业务;17家被指定的私营保险公司和联邦中央农业保险公司之间通过标准再保险协议(Standard Reinsurance Agreement between the FCIC and the Insurance Company)界定各自的权利与义务[①]。FCIC负责保险产品设计与审核私营保险公司的保险产品,17家私营保险公司为联邦中央农业保险公司提供保险展业的服务,赚取服务费用,承担有限的业务风险,收益比较稳定。美国农业保险经营模式的本质是政府借保险公司之手向农民发放补贴,从而规避WTO规则约束。

4.2.5.2 美国农业保险补贴方式和财政支出

农业保险已经成为美国农产品支持政策的最主要政策手段,2012年美国向WTO通报的数据显示,其农业保险补贴已占其"黄箱"补贴总额的2/3以上。美国政府对农业保险提供补贴的方式主要有三种,一是给农民保费补贴,美国是根据农民投保的规模大小及其选择的保障水平的高低给予不同比例的保费补贴,农民选择的保障水平越高,保费补贴的比例越低,平均保费补贴比例约为总保费的65%(USDA-RMA数据);保费补贴资金由各级政府按比例承担;二是给经营政策性农业保险的保险机构提供经营管理费用补贴,美国是按照保险公司总保费收入的15%给商业保险公司经营管理费用补贴,用作私营保险公司经营政策性农业保险的经营性费用开支;三是政府通过联邦再保险公司,按照《美国农业保险标准再保险协议》,给经营政策性农业保险的保险机构提供再保险支持和给予经营性亏损补偿(相当于超额赔付部分主要是政府承担)。此外,负责农业保险的农业部风险管理局还要支出一些其他的管理成本和资金成本。

美国农业部风险管理局(USDA-RMA)数据显示(表4-8),近10年保费补贴从2006年的26.8亿美元增长到2015年的61亿美元,增加了一倍多;超额赔付金额(多数为再保险赔付)也较大,如2012年超额赔付金额达到49.92亿美元;农业保险补贴的财政总成本从2006—2010年的年均50.8亿美元增长到2011-2015年的年均92.86亿美元。美国《2014年农业法案》进一步增加保险项目和补贴预算,2014-2023年农业保险补贴预算支出900亿美元,是同期其他商品补贴(主要包括营销贷款补贴、基于价格或收入的差额补贴)预算支出(440亿美元)的近2

---

①袁祥州,朱满德.美国联邦农业再保险体系的经验及对我国的借鉴[J].农村经济,2015(2).

倍[1]，年均90亿美元。目前，美国是世界上农业保险体系最发达、农业保险产品最丰富的国家之一，农业保险已经成为其农产品支持政策的最主要政策手段，2012—2013年美国向WTO通报数据显示，其农业保险补贴已占其"黄箱"补贴总额的2/3以上。

表4-8　2006—2015作物年度美国农业保险补贴的财政支出成本　单位：百万美元

作物年度	农民缴纳保费和利息收入	损失赔付金额	赔付额超过农民保费和其他收入的金额	保费补贴金额	对保险公司的经营管理费用补贴	其他项目资金成本	其他管理和经营的资金成本	财政补贴农业保险的总成本
2006	3814	3506	−308	2687	962	39	87	3467
2007	5044	3551	−1493	3828	1335	36	88	3794
2008	8820	8691	−129	5696	2011	41	96	7715
2009	6729	5231	−1498	5431	1621	42	89	5685
2010	5753	4258	−1495	4715	1371	40	103	4734
2011	10375	10879	504	7478	1363	54	90	9489
2012	12494	17486	4992	6991	1405	49	92	13529
2013	11240	12106	866	7307	1398	64	85	9720
2014	9109	9140	31	6222	1386	48	85	7772
2015	7996	6211	−1785	6095	1434	69	107	5920

資料来源：USDA-RMA：http://www.rma.usda.gov/aboutrma/budget/costsoutlays.html．

4.2.5.3 美国政策性农业保险产品（项目）

保险产品也称保险项目，政策性农业保险产品是指有财政资金参与其中。美国的政策农业保险产品主要有产量、价格、收入、利润和指数保险这五种类型（见图4-13）。其中作物产量保险是只针对自然风险导致的产量损失提供的保险；价格保险是只针对市场风险导致的价格下跌提供的保险；收入保险则是同时对自然风险或市场风险造成的减产或者市场风险导致的价格下跌进而导致的收入损失提供的保险；利润保险则是针对农产品价格和成本变动导致的利润下降风险提供的保险。这些保险产品绝大多数都是与特定产品产量或者价格挂钩的。

---

[1] Zulauf, C., and D. Orden. U.S. Crop Insurance Since 1996.Farmdoc Daily(5):129, Department of Agricultural and Consumer Economics, University of Illinois at Urbana-Champaign,July 16, 2015.

```
                  ┌ 巨灾风险保护保险（Catastrophic Risk Prottection,简称CRP）
         产量保险产品┤ 个体作物产量保障保险（Yield Protection,简称YP）
                  └ 区域作物产量保障保险（Group Risk Plan,简称GRP）

         价格保险产品{ 目标价格指数保险（2011年已取消该保险项目被收入保险取代）

                  个体作物 ┌ 带收获价格选择权的个体作物收入保障保险（RP－HPO）
  农               收入保险 └ 不带收获价格选择权的个体作物收入保障保险（RP－HPE）
  作
  物      收入保险产品┤区域作物 ┌ 带收获价格选择权的区域作物收入保障保险（GRIP－HPO）
  保               收入保险 └ 不带收获价格选择权的区域作物收入保障保险（GRIP－HPO）
  险
                  └ 农场调整毛收入保障保险（Adjusted gross revenue insurance）

         利润保险产品┤ 农作物利润保护保险（Crop margin coberage option,还在试点）
                  └ 畜禽毛利润保护保险（Livestock Gross Profit insurance）

         其他保险产品{各类天气指数保险（降雨量、气温等指数）、植被覆盖指数保险等
```

图 4-13　美国农作物保险产品及其分类

　　作物产量保险只赔付产量损失,不保障价格损失,计算赔偿额时按照市场价格或成本价计算,故产量保险保障的是自然风险。作物收入保险既保障产量也保障价格(保障的收入=保障的产量×保障的价格)。其中作物产量保险又分为个体作物产量保险(Yield Protection,简称 YP,)和区域作物产量保险(Group Risk Plan,简称 GRP),前者以农场历史平均单产计算,后者以州或县历史平均单产计算。作物收入保险又分为个体作物收入保险(Revenue Protection,简称 RP)和区域作物收入保险(Group Risk Income Protection,简称 GRIP),前者以农场历史平均单产计算,后者以州或县历史平均单产计算。

　　在作物收入保险中,保障价格有两种方案可供选择,一是以预测价格(projected price)为准,二是以预测价格和收获期价格(harvest price)[①]中的较高者为准。所以作物收入保险产品根据保障产量和保障价格的不同选择组合,分为4种具体产品:(1)附带收获价格选择权的个体收入保障保险(Revenue Protection with Harvest Price Option,简称 RP-HPO);(2)不带收获价格选择权的个体收入保障保险(Revenue Protection with Harvest Price Exclusion,简称 RP-HPE);(3)附带收获价格选择权的团体风险收入保障保险(Group Risk Income Protection with Harvest Price Option,简称 GRIP-HPO);(4)不带收获价格选择权的团体风险收入保障保险(Group Risk Income Protection with Harvest Price Exclusion,简称 GRIP-HPE)。

———————————

　　① 预测价格和收获期价格都是根据价格条款规定按照芝加哥期货交易所的价格确定的。

农场调整的毛收入保险（Adjusted gross revenue insurance）是不区分作物品种，而是以整个农场所有作物收入总和为保障对象。其他诸如利润保险和各种指数型保险都属于特殊范围内开发的小类保险产品，在整个农业保险中所占比重很小。表4-9简要列示了各种保险产品的操作要点。

表4-9　美国主要农业保险产品操作要点一览表

农业保险类型	具体保险项目（保险产品）	单位面积保障水平1	保险触发条件	单位面积保险赔付额
作物产量保障保险	巨灾保险2	保障历史平均单产的50%和预测价格的55%	保险范围内的巨大灾害导致区域产量损失超过50%时，启动补偿	实际产值和保障产值的差额
	个体作物产量保障保险	保障农场单产的55%至85%（可自主选择），按市场价计价	当保障范围内的灾害因素导致农场实际单产下降至保障的单产水平时，启动赔付	农场实际单产和保障单产的差乘以市场价格
	区域作物产量保障保险	保障县平均单产的55%至90%（可自主选择），按市场价计价	当保障范围内的灾害因素导致县平均实际单产下降至保障的单产水平时，启动赔付	县实际平均单产和保障单产的差乘以市场价格
作物价格保障保险	目标价格指数保险（2011年取消）	保障目标价格的55%至90%（自主选择），按实际产量计算	当销售年度实际平均价格低于保障的价格水平时，启动赔付	实际平均价格和保障价格的差乘以实际单产
作物收入保障保险	个体作物收入保障保险：带收获期价格选择权	保障的收入=农场单产的55%至85%（自主选择）×预测价格和收获期实际价格中的较高者（依据交易所报价）	当农场单位面积实际收入低于保障收入时，启动赔付	保障收入减去实际收入的差额
	个体作物收入保障保险：不带收获期价格选择权	保障的收入=农场单产的55%至85%（自主选择）×预测价格	当农场单位面积实际收入低于保障收入时，启动赔付	保障收入减去实际收入的差额
	区域作物收入保障保险：带收获期价格选择权	保障的收入=县平均单产的55%至90%（自主选择）×预测价格和收获期实际价格中的较高者（依据交易所远期报价）	当县平均单位面积实际收入低于保障收入时，启动赔付	保障收入减去实际收入的差额
	区域作物收入保障保险：带收获期价格选择权	保障的收入=县平均单产的55%至90%（自主选择）×预测价格和收获期实际价格中的较高者（依据交易所远期报价）	当县平均单位面积实际收入低于保障收入时，启动赔付	保障收入减去实际收入的差额

续表

农业保险类型	具体保险项目（保险产品）	单位面积保障水平 1	保险触发条件	单位面积保险赔付额
作物收入保障保险	区域作物收入保障保险：不带收获期价格选择权	保障的收入=县平均单产的55%至90%（自主选择）×预测价格	当县平均单位面积实际收入低于保障收入时，启动赔付	保障收入减去实际收入的差额
	作物补充收入保险（2014年新增）	保障的收入水平=县平均每英亩基准收入的84%	当县平均单位面积实际收入低于保障收入时，启动赔付	保障收入减去实际收入的差额，但不得超过其他保险项目的免赔额
	棉花累加收入保险（2014年新增）	保障的收入水平=县平均每英亩基准收入的90%	当县平均单位面积实际收入低于保障收入时，启动赔付	保障收入减去实际收入的差额，但不得超过其他保险项目的免赔额
	农场总收入保障保险	保障的收入=农场所有农作物目标总收入总和的50%至80%（自主选择）	当农场实际总收入低于保障的收入时，启动赔付	保障收入减去实际收入的差额
作物利润保护保险	农作物利润保护保险	保障的利润=目标利润的50%至80%（自主选择）	当实际利润（实际单产乘以实际价格减去实际成本）低于保障的利润时，启动赔付	保障的利润减去实际利润的差额
	畜禽利润保险			
其他类型保险	天气指数保险、植被指数保险等		当实际气象指数低于规定的水平时，启动赔付	

注：1.保障水平可由农民在提交保险合同时自主选择，农民选择的保障水平越高，政府提供的保费补贴比例越低。

2.巨灾保险无须生产者缴纳保费，但农户每年必须缴纳300美元巨灾保险管理费给政府，如果不缴纳巨灾保险管理费，则没有资格购买其他类型的保险产品。所以巨灾保险其实是强制性参与的政府灾害救助保障计划。

3.所谓"个体保险"指的是计算保额用的单产数据是农场平均单产数据；"区域保险"指的是在计算保额是用一个州或一个县的平均单产数据。"区域保险"也叫"团体风险保障保险"。

资料来源：作者根据《联邦作物保险法案》和美国农业风险管理局的作物保险"fact sheet"整理。

在上述众多保险产品中，生产者可以在各种保险产品中自由选择，其中作物收入保险最受农民欢迎。据美国农业部农业风险管理局统计数据，自1996年推出作物收入保障保险以来，其保费收入从1996年的0.14亿美元快速增长到2014年的83.56亿美元，占总保费的份额从1996年的8%增长到2014年的83%[1]（如图

---

[1] 齐皓天,彭超.美国农业收入保险的成功经验及其对中国的适用性[J].农村工作通讯,2015,05.

4-14所示)。在各种农作物收入类保险产品中又以"附带收获价格选择权的个体农作物收入保障保险"(简称RP-HPO)最受欢迎。2011年以来的数据显示,政府每年对生产者的农作物保险保费补贴总额在60亿~70亿美元,平均保费补贴比率62%。2014年RP-HPO这一种保险产品保费收入78.4亿美元,占到当年所有保险计划保费收入总额100亿美元的78.4%。

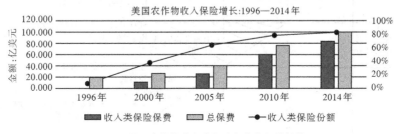

图4-14　美国农作物收入类保险保费收入增长情况

数据来源:根据美国农业部风险管理局网站历年农作物保险统计数据整理,http://www.rma.usda.gov/data/sob.html.

4.2.5.4 补充作物收入保险项目(SCO)详解

《2014年农业法案》新增加的"补充保险选项(Supplemental Coverage Option,简称SCO)",是把县级水平的ARC项目"保险化"的产物。因为,SCO和ARC的补贴(赔偿)触发机制完全相同,只不过县级ARC补贴是政府直接支付,不需要生产者交保费;SCO补偿是通过保险公司支付,需要生产者缴纳一定保费。上文已经详解了县级平均水平ARC项目的操作原理,它是以县平均单产计算的目标收入为补贴触发门槛,当生产者每英亩实际收入低于每英亩基准收入的86%(基准收入的86%即为目标收入)时,政府提供最多不超过基准收入10%的补贴。SCO也是以保障的县平均收入为补贴触发条件,当县平均每英亩实际收入低于每英亩基准收入的86%时,SCO保险项目给予最多不超过原有保险计划免赔额部分的赔偿(见图4-15)。法案规定生产者在SCO和ARC二者之间只能选择一个,所以SCO项目其实是ARC项目的保险化替代项目。在计算标准上不同的是,两个项目中确定基准收入的标准不同,SCO中的基准收入是按照保险公司确定的,基础产量为max{联邦农业保险公司确定的县平均单产,农业统计局公布的最近5年县平均单产的奥林匹克平均值},保障价格为max{期货市场预测价格,收获期实际价格}。所以SCO的保障水平比ARC更高,保险赔偿更容易被触发。补贴或赔偿支付的面积也不同,SCO 的赔偿支付面积为实际承保面积,ARC 的补贴支付面积以历史基期面积为基础。

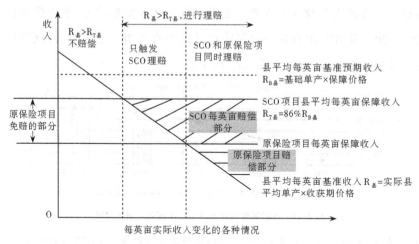

图4-15 农作物补充保险选项(SCO)和原保险计划配合的补偿效果示意图

之所以叫作补充保险选项(SCO),是因为 SCO 是对原保险计划没有覆盖到的或原保险项目免赔的那部分收入损失供的一种附加保险选项,可以在原保险计划基础上作为附加险购买,也可以签订新的保单单独购买。SCO 的损失补偿范围不得超过原保险项目的免赔额。

补充作物收入保险项目仅适用于 ARC 补贴项目覆盖的农产品。政府补贴 SCO 保费的65%。可见,SCO 项目的赔偿相当于政府把用于 ARC 项目的补贴资金以保费补贴的名义交给联邦中央农业保险公司,然后借保险公司的手发给生产者,并且 SCO 不受法案对生产者补贴限额的约束。

4.2.6 其他重要产品专项支持措施

从特定产品角度看,在美国农产品支持政策体系中,棉花、食糖、牛奶及其制品,一直以来都被作为特殊产品对待。棉花、食糖、牛奶及其制品的专项支持措施见表4-10列示。

棉花是美国与其他成员间贸易摩擦最多的产品。同样作为美国农业法案定义的基本农产品(basic commodities),但在《2014 年农业法案》之前,棉花除了享受与其他基本农产品相同的支持政策措施外,还享有陆地棉使用者经济调整补贴(Economic Adjustment Assistance to domestic users of upland cotton,简称 EAA)和对长绒棉使用者市场营销补贴(ELS cotton user marketing payments)。由于美国棉花补贴受到巴西等成员的反补贴调查和挑战,自《2014年农业法案》开始,基本农产品可以享受的价格损失保障(PLC)、农业风险保障(ARC)以及补充作物收入保险选项(SCO)都不适用于棉花,并专门为棉花制定了累加收入保险计划(Stacked Income Protection Plan for upload cotton,简称STAX)。

食糖是美国至今仍实施价格支持的农产品。美国是世界上重要的食糖消费国和食糖净进口国,其食糖进口量约占消费量的四分之一,所以美国对食糖采取了积极的价格稳定和国内支持政策。自《1996年农业法案》以来,对食糖始终保持着市场价格支持政策,并给予多种类型的加工、仓储贷款等补贴。

牛奶及其制品,其中牛奶指原奶或者鲜奶,属于重要的易腐生鲜农产品,牛奶制品包括奶酪、奶油等,是美国人食物消费的必需品。自《1996年农业法案》以来,对牛奶及其制品实施的市场价格支持政策一直到《2014年农业法案》才取消。此外,对牛奶制定了各种专项支持措施。

表4-10　棉花、食糖、牛奶及其制品的专项支持措施一览表(2002年至今)

特殊产品	《2002年农业法案》	《2008年农业法案》	《2014年农业法案》
棉花	(1)高地棉使用者经济调整补贴; (2)长绒棉使用者市场营销补贴		(1)高地棉累加收入保险; (2)政策调整过渡援助补贴(仅2015年)
食糖	(1)市场价格支持项目;(2)作物保险项目;(3)糖加工商贴息贷款;(4)农场仓储设施贷款;(5)商品信贷公司仓储费用补贴		
牛奶	(1)市场价格支持(MPS);(2)牛奶市场收入损失补贴(MILC);(3)奶(公共损害)补偿(DIP);(4)奶业灾害援助(DDP);(5)奶牛毛利润保护保险(LGM-D);(6)乳制品研究促进项目		(1)牛奶利润保障补贴(MPP);(2)乳品捐赠项目(DPDP);(3)奶(公共损害)补偿(DIP);(4)奶业灾害援助(DDP);(5)奶牛毛利润保护保险(LGM-D);(6)乳制品研究促进项目

资料来源:根据2002年、2008年、2014年农业法案整理。

4.3 美国主要农产品支持措施改革调整的特征

单从对农产品生产者支持的主要政策措施及其改革调整的思路来看,自乌拉圭回合农业谈判以来,美国对农产品生产者支持政策的改革调整,总体上是价格支持工具逐步向直接补贴政策工具改革,挂钩直接补贴先改为脱钩补贴,又改为半脱钩直接补贴,并逐步发展农业保险等多种政策工具组合。改革调整呈现出政策工具选择趋于多样化、政策手段趋于市场化、政策组合趋于优化、补贴与特定产品生产之间的关系趋于“半脱钩化”等特征,从而更好适应形势变化、实现政策目标和规避 WTO 规则,从长期促进了美国农业竞争力提升和可持续发展。具体特征可以归纳为以下几点。

4.3.1 政策选择趋于多样化,各种政策之间组合衔接更加紧密

农产品补贴计划、农业保险计划和灾害救助计划三大政策体系共同构成美国农场收入安全网(Fram Income Safety Net)。自《1996 年农业法案》以来,美国农场收入安全网政策体系下的具体措施不断增加。比如,《1996 年农业法案》下主要是营销援助贷款、贷款差额补贴、生产灵活性合同补贴、灾害救助措施和少量的农业保险项目;《2002 年农业法案》在《1996 年农业法案》政策基础上增加了反周期补贴(CCP)和可选的农业保险项目。《2008 年农业法案》进一步在《2002 年农业法案》基础上增加了平均作物收入补贴选项(ACRE),同时可选择的保险项目也进一步增加。农民可以在各种可选的政策措施中根据自身需要选择最优的政策组合。

政策措施不断增加的同时,各种措施之间的衔接也不断优化,从而避免重复补贴导致财政资金浪费。比如,在《2008 年农业法案》下,生产者可以在反周期补贴(CCP)和平均作物收入选择补贴(ACRE)两者中选择一个,如果生产者对某种产品选择了 ACRE 补贴项目,则不能再选择 CCP 补贴项目,同时还必须减少该产品 20% 的固定直接补贴(DP)和 30% 的营销援助贷款补贴。农作物保险项目也更加丰富。再如,在《2014 年农业法案》下,生产者可以在价格损失保障(PLC)和农业风险保障(ARC)两者中选择一个,如果选择了 PLC 则还可以选择补充作物收入保险选项(SCO),如果选择了 ARC 则不能再选择 SCO。且 ACRE 和 ARC 的单位面积补贴额有最高标准约束(不超过目标收入的 25%),SCO 的单位面积赔偿额也有最高标准约束(不能超过原保险项目的免赔额部分)。这些都体现了各种措施之间紧密衔接,从而提高补贴资金的使用效率。

4.3.2 政策手段市场化,保障农民收入的同时促进农业竞争力提升

所谓农业支持政策手段的市场化,是指政策实施过程中不扭曲市场机制。市场机制的核心是以效率为导向的自由竞争条件下,供求决定价格、价格反作用于供求的资源配置机制。美国农产品生产者支持政策的核心目标是保障农民收入稳定[1],但保障农民收入稳定的政策措施是多种多样的,不同的政策在保障农

---

① 美国自 20 世纪 80 年代以来,一直处于农产品供给过剩的状态,不存在粮食安全问题。

民收入的同时,所产生的外部效应是不同的。其中,价格支持政策是通过政府规定农产品最低价格来保障农民收入,扭曲了供求决定价格的市场机制,不合理的价格机制进而破坏以效率为导向的自由竞争和市场秩序,导致资源错配,比如政府库存的大量累积、推高农产品生产成本等问题,损害农业竞争力。自乌拉圭回合农业谈判以来,美国逐步取消农产品的价格支持政策,实施与生产脱钩的直接补贴政策。与价格支持相比,直接补贴政策不扭曲市场供求决定价格的机制,在保障了农民收入的同时,更好地发挥市场机制的作用,保证以效率为导向的市场竞争,促进了农业竞争力提升。

4.3.3 政策设计以风险管理为导向,差额补贴和保险成为最主要手段

市场化和风险管理是相伴而生的。因为市场化的政策以不干预农产品市场价格为特征,在市场机制下,农产品价格波动的市场风险必然加大,需要对这种波动的风险进行补偿。由于《1996年农业法案》下的生产灵活性补贴政策没有以风险管理为导向,在面临价格下跌的市场风险和产量减少的自然风险时,这种固定的定额补贴,不能满足稳定农民收入的目标需求。随着市场风险和自然风险的增加,自《2002年农业法案》开始,增加的补贴政策主要是以风险管理为导向进行设计的。主要体现在以下三个方面。

第一,补贴政策大都引入差额补贴机制,补贴标准根据风险损失程度动态调整。比如反周期补贴(CCP)和价格损失保障补贴(PLC),都是基于农产品价格的差额补贴,补贴率可以根据市场风险动态调整。再比如,平均作物收入补贴选项(ACRE)和农业风险保障补贴(ARC)都是基于单位面积收入的差额补贴,当实际收入低于目标收入时触发补贴。收入等于价格和产量的乘积,基于收入的差额补贴同时考虑了市场(价格)风险和自然(产量)风险。还有《2014年农业法案》实施的牛奶利润保障补贴(MPP),是基于牛奶实际平均利润和目标利润的差额补贴政策,平均利润用牛奶平均价格和平均成本计算,其本质是管理了经营风险。

第二,农业保险的比重大幅增加,逐步成为美国最主要的农业生产者支持方式。农业保险本身就是风险管理工具。可以说,农产品价格保险、农作物收入保险、农产品利润保险分别是把"基于价格的产额补贴""基于收入的产额补贴"和"基于利润的产额补贴"政策的操作方式"保险化"的产物。在以风险管理为导向的农业支持政策思想主导下,美国农业保险快速增长,逐步成为最主要的农业支

持方式。尤其是《2014年农业法案》,在削减整体农业补贴预算的情况下,反而对农作物保险计划的预算增加了57亿美元(未来5年),而且是在所有支持计划中增加预算最多的。从保险覆盖的作物品种看,目前农业保险项目覆盖了几百种农产品。从规模看,农业保险项目已经是整个农业法案中继营养援助项目之后的第二大支出项目,是农产品支持项目的第一大项目。《2014年农业法案》增加了针对陆地棉以外作物的补充损失保险选项(SCO)和对陆地棉的累加收入保险,结合传统作物保险帮助生产者抵御价格和产量风险导致的损失。这反映了联邦政府通过保险计划把农业支持政策向着更好的管理风险项目调整。并且,管理的风险类型也越来越全面。比如从最开始的主要保障产量损失风险和价格风险,发展到近年来的主要保障收入风险,并向着保障利润损失风险的方向发展。

第三,保障的风险类型越来越全面,差额补贴或保险赔偿的触发机制由最初的产量触发、价格触发向收入触发和利润触发演变。农业风险可分为自然风险、市场风险、以上二者的混合风险以及持续经营风险。自然风险表现为农作物产量减少的损失,市场风险表现为价格下跌的损失,混合风险表现为单位面积农作物收入下降的损失[1],可持续经营风险表现为利润的亏损,比如价格和产量均不变,但成本大幅上升。自《2002年农业法案》以来,在设计农业补贴政策和保险项目时考虑的风险类型越来越全面。比如在《1996年农业法案》下,补贴政策和农业保险的设计主要考虑产量损失的自然风险,灾害补贴和保险补偿的触发机制是产量触发。到了《2002年农业法案》以后,增加了应对价格下跌的"目标价格补贴"(如CCP和PLC)和价格保险,增加了同时考虑价格和产量混合风险的"目标收入补贴"(如ACRE和ARC)和农作物收入保险。《2008年农业法案》以后又进一步增加应对经营风险的利润保险(如畜禽利润保险),《2014年农业法案》进一步增加基于利润的差额补贴(如牛奶利润保障补贴)和农作物利润保险项目。

4.3.4 补贴呈现出与价格或收入挂钩、与生产"脱钩"的"半脱钩化"特征

补贴与特定产品的价格挂钩表现为补贴标准(补贴率)的确定与价格相关,比如基于目标价格的差额补贴;补贴与特定产品的收入挂钩表现为补贴标准(补贴率)的确定同时与单位面积农产品收入相关,比如基于单位面积收入的差额补

---

[1] 自然风险和市场风险存在反向变动关系,意即,产量下跌的损失可以被价格上涨的收益所弥补,相反,价格下跌的损失也可能因产量增加的收益所弥补。

贴;补贴与生产脱钩表现为,补贴总额的计算是按照历史基期面积的85%和历史基期的单产水平计算的,且与当期生产的作物品种无关。在《2002年农业法案》《2008年农业法案》下的反周期补贴(CCP)和《2014年农业法案》下的价格损失保障补贴(PLC)都是和特定产品价格挂钩、与实际生产"脱钩"的"半脱钩"补贴措施。并且《2014年农业法案》取消了完全脱钩的固定直接补贴(FDP),并把《2008年农业法案》下完全挂钩的平均作物收入补贴选项(ACRE)改为"半脱钩"的农业风险保障补贴(ARC),目前的主要直接补贴措施PLC和ARC都是"半脱钩"的。

之所以要对补贴措施进行"半脱钩化"设计,有以下原因:其中,与价格或收入挂钩的好处在于,可以通过价格或者收入触发来发放补贴,实际损失多少补多少,不损失不补贴,变固定补贴为或有变动补贴项目,提高了补贴资金效率。补贴与面积和产量脱钩的设计也有三方面好处:一是,简化了补贴额的计算程序,节省了计算成本;二是,把价格触发机制和脱钩补贴性质相结合,把差价补贴变成收入补贴,从而可以把该类补贴措施解释为对贸易扭曲作用很小的措施;三是,这种与面积和产量脱钩的政策设计,其实是按照新"蓝箱"规则设计的,目的是希望新"蓝箱"规则生效以后,此类补贴可以免于削减。

但是,值得注意的是,美国所谓的和生产"脱钩"补贴,这种"脱钩"并不彻底。因为,虽然CCP、PLC、ARC补贴名义上都是按照历史基期面积的85%计算的,但是《2002年农业法案》《2008年农业法案》对CCP补贴基础面积的规定中,允许补贴的基础面积根据休耕面积的退出数量进行调整;《2014年农业法案》在对PLC和ARC补贴基础面积和单产的规定中,允许生产者根据2009—2012年实际种植情况对PLC和ARC补贴的基础面积进行一次重新分配(Reallocate),根据2008-2012年的实际单产水平对PLC和ARC支付单产进行一次更新(Update),并且以后年度根据休耕合同到期释放出来的面积按比例对补贴的基础面积进行调整。这种允许调整基础面积和基础单产的规定,使得补贴措施有了和生产"再挂钩"的倾向。同时,法案对获得CCP、PLC和ARC补贴的生产者的种植灵活性也进行了限制,要求生产者不得在获得CCP、PLC和ARC补贴的基础面积加上种植果树(Fruits)、蔬菜(Vegetables (other than mung beans and pulse crops))和野生水稻(Wild rice)。如果种植这些作物被发现,要在收获前被强行销毁。如果农业部长(官员)认为农场有在基础面积上种植上述作物的历史,虽然可以允许在该农场上种植,但每种植一英亩上述农作物,则相应减少一英亩的PLC和ARC补贴。这种政策操作细节的规定非常隐蔽,如果不细看法案条款,CCP、PLC和ARC补贴很容易被认为是和生产完全脱钩的支持措施。其实这些对补贴基础面积和生产灵活性的特别规定实际上使原本和生产脱钩的CCP、PLC和ARC补贴和生产隐蔽地"再挂钩"了。

第5章 合规性分析(一)：
基于美国通报数据的观测

前一章梳理了自乌拉圭回合农业谈判以来美国农业国内支持主要政策措施的改革与调整思路,详细分析了主要支持措施的操作细节。本章首先根据美国农业国内支持通报文件,检查其是否及时对其农业国内支持政策进行了完全的通报;然后基于美国通报的数据,按照WTO农业国内支持政策的分类方法,用"国内支持总量"、"绿箱"支持、"黄箱"支持—微量允许、"黄箱"支持—AMS、国内支持总量占农业总产值比重、特定产品支持总量占特定产品产值比重等指标衡量美国农业国内支持的水平与结构,分析美国农业国内支持水平与箱体结构变化,检验其哪些年份的TAMS可能存在突破WTO规则约束的水平。

5.1 通报义务的执行问题:部分年份通报滞后

《农业协定》第18条"对承诺执行情况的审议"规定,各成员必须按照规定格式,对承诺执行期每一年的农业国内支持政策实施情况向WTO秘书处通报,通报分为两种类型:(1)第一类是通报各类支持措施的支持水平和AMS计算,具体包括执行期年度"绿箱"措施和支持水平、年度"黄箱"措施、AMS和现行TAMS、其他可免于削减的措施和支持水平,以及免于削减的措施符合有关标准和条件的情况说明(WTO将此类通报简称为DS:1通报);(2)如果成员新增加或者修改了任何免于削减的措施,必须及时向WTO秘书处通报(WTO将此类通报简称为DS:2通报)。

根据美国向WTO提交的农业国内支持通报文件及其通报时间索引(见表5-1、表5-2)分析发现,美国对1999—2000年、2002—2003年的国内支持DS:1通报分别是在2003年和2007年提交的,通报滞后了4~5年时间;对2002年DS:1通报中调整和增加的免于削减的措施,到2007才提交DS2通报。值得注意的是,1999-2000年也是通报的现行TAMS最接近TAMS约束上限的年份,迟迟不通报的背后可能存在数据造假和隐瞒真实AMS的可能。

值得注意的是,美国在2009年对2000—2005年的国内支持通报做了修订,2008-2013年的国内支持通报也是有过多次修订。其中2008年的国内支持通报分别于2011年和2017年做了两次修订,2010年、2010年的国内支持通报分别于2014年和2017年做了两次修订,2011—2013年的国内支持通报也于2017年1—2月做了修订。对2008年以来国内支持通报修订的主要内容是把原来按照"非特定产品支持"进行通报的作物保险保费补贴,调整为按照"特定产品支持"进行通报了。

表5-1 美国农业国内支持DS:1通报时间索引

通报的DS:1文件编号	实施年度	通报日期	修订日期	修订的通报文件编号
G/AG/N/USA/10	1995	1997/6/12		
G/AG/N/USA/17	1996	1998/6/15		
G/AG/N/USA/27	1997	1999/6/28		
G/AG/N/USA/36	1998	2001/6/26		
G/AG/N/USA/43	1999	2003/2/5		
G/AG/N/USA/51	2000, 2001	2004/3/17	2009/1/28	G/AG/N/USA/51/REV.1
G/AG/N/USA/60	2002, 2003, 2004, 2005	2007/10/9	2009/1/28	G/AG/N/USA/60/REV.1
G/AG/N/USA/66	2006, 2007	2009/1/19		
G/AG/N/USA/77	2008	2010/10/12	2011/8/29	G/AG/N/USA/77/REV.1
			2017/1/12	G/AG/N/USA/77/REV.2
G/AG/N/USA/80	2009	2011/8/29	2014/1/10	G/AG/N/USA/80/REV.1
			2017/1/27	G/AG/N/USA/80/REV.2
G/AG/N/USA/89	2010	2012/10/1	2014/1/8	G/AG/N/USA/89/REV.1
			2017/1/3	G/AG/N/USA/89/REV.2
G/AG/N/USA/93	2011	2014/1/8	2017/1/3	G/AG/N/USA/93/REV.1
G/AG/N/USA/100	2012	2014/12/8	2017/2/3	G/AG/N/USA/100/REV.1
G/AG/N/USA/108	2013	2016/5/2	2017/2/3	G/AG/N/USA/108/REV.1

资料来源:WTO: http://agims.wto.org/Pages/ANMS/SearchListNotif1995.aspx?ReportId=108&Reset=True.

表 5-2   美国农业国内支持DS:2通报时间索引

通报的 DS:2 文件编号	通报日期	变更的免于削减的主要措施(摘要)
G/AG/N/USA/5	1996/9/16	《1996年农业法案》改革的生产灵活性合同补贴政策(PFCP)
G/AG/N/USA/25	1999/3/11	《1999年紧急援助拨款法案》增加的作物损失紧急援助计划的补贴(Emergency Crop Loss Assistance Programme)
G/AG/N/USA/28	1999/11/16	《1996年农业法案》增加的环境质量改善计划的补贴(Environmental Quality Incentives Program, EQIP)
G/AG/N/USA/37	2001/10/15	《1996年农业法案》增加的野生动物栖息地改善计划的补贴 Wildlife Habitat Incentives Program(WHIP)
G/AG/N/USA/58	2007/10/9	2000年农业管理机构拨款法案增加的牧场复兴计划的补贴 Pasture Recovery Program(PRP)
G/AG/N/USA/59	2007/10/9	《2002年农业法案》增加的(1)直接补贴(FDP);(2)花生配额收购计划(Peanut Quota Buyout)终止补偿①;(3)与农业相关的生态环境保育项目补贴;(4)生物质能研究与开发项目的补贴;(5)可再生能源研究与开发项目补贴;(6)取消烟草配额收购计划的转移补贴 Tobacco Transition Payment Program(Tobacco Quota Buyout)②;(7)贸易调整援助中的技术援助支持;(8)甜菜、水果、蔬菜、牲畜、饲料等灾害援助项目(损失超过30%)
G/AG/N/USA/70	2009/6/8	《2008年农业法案》增加的切萨皮克湾流域治理项目和农业用水增强项目
G/AG/N/USA/73	2010/4/29	(1)《2008年农业法案》增加的环境管理项目 Conservation Stewardship Program(CSP);(2)2009年美国投资复兴法案增加的初级农产品生产者贸易调整援助项目;(3)全国清洁种植网络计划 National Clean Plant Network
G/AG/N/USA/86	2012/9/10	农业保险和灾害援助计划中给保险公司的经营管理费、保险展业费和保险经营损益分配
G/AG/N/USA/91	2012/10/24	《2008年农业法案》新增的(1)开放的栖息地改善计划;(2)环境保护贷款项目
G/AG/N/USA/110	2017/1/19	《2014年农业法案》调整和增加(1)牛奶制品捐赠计划 Dairy Product Donation Program;(2)棉花政策调整过渡援助补贴;(3)农业资源保育地役权项目 Agriculture Conservation Easements Program;(4)区域环境保护合作计划 Regional Conservation Partnership Program;(5)修改的环境质量增强计划 Environmental Quality Incentives Program;(6)食物与农业研究基金项目;(7)国家有机认证成本分担计划 National Organic Certification Cost-Share Program;(8)非可保险作物灾害援助计划修改 Non-insured Crop Disaster Assistance Program

注:①终止花生配额收购计划(Peanut Quota Buyout)补偿,是指取消原来对花生实施的配额收购计划和价格支持之后,给花生生产者一笔固定直接补贴,这笔补贴是按照2001年的配额量发放的,与当前和未来的花生的生产、价格和产量无关。

②取消烟草配额收购计划的转移补贴:取消原来对烟草实施的配额收购计划和价格支持之后,给烟草生产者一笔固定直接补贴,这笔补贴是按照2001年的配额量发放的,与当前和未来的烟草的生产价格和产量无关。

资料来源:WTO:http://agims.wto.org/Pages/ANMS/SearchListNotif1995.aspx?ReportId=108&Reset=True.

5.2 通报数据显示的农业支持水平及其结构变化

截至 2017 年 2 月 3 日,美国向 WTO 提交的最新农业国内支持通报的实施年份为 2013 年度,也正好是《2008 年农业法案》实施的最后一个年度。所以本节基于美国农业国内支持的 WTO 通报数据(以 2017 年 2 月 3 日最新修订的通报数据为准),对其在 1995 年至 2013 年农业国内支持的水平与结构变化情况进行分析。

5.2.1 总体支持水平与结构变化

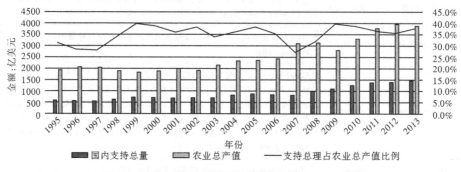

图 5-1　美国农业国内支持总体水平变化(1995—2013 年)

农业国内支持总量是年度"绿箱支持""蓝箱支持"和"黄箱支持"的总和。总体支持水平用支持总量占农业 GDP 的比重来衡量。1995—2013 年,美国农业国内支持总量总体呈增加趋势,从 1995 年的 607.61 亿美元增加到 2013 年的 1475.79 亿美元,增加到约 2.4 倍。农业国内支持总量占农业总产值的比重总体呈增加趋势,在《农业协定》达成初期约为 30%;进入 21 世纪初期,快速上升到接近 40%,之后除了 2007 年、2008 年外[①],农业国内支持总量占农业总产值的比重基本维持在 35% 以上(图 5-1)。

分箱体来看,"蓝箱支持"仅在 1995 年有 70.30 亿美元,《1996 年农业法案》对农业政策进行改革之后,再无"蓝箱"支持。"绿箱支持"总量大幅在增加,从 1995 年的 460.33 亿美元增加至 2013 年的 1333.11 亿美元,增加到了近 3 倍(见表 5-3)。"绿箱支持"占农业总产值的比重从 1995 年的 23.85% 增加至 2013 年的 34.04%。

"黄箱支持——AMS"的总量总体呈先上升后下降的趋势,在 1995—1997 年平均只有 60 亿美元,在 1998—2001 年和 2004—2005 年一度超过 100 亿美元,最

---

① 2007 年、2008 年金融危机爆发,受此影响,一方面农业国内支持总量略有减少,另一方面农产品价格较高,农业总产值较高,所以国内支持总量占农业总产值比重下降了。

高在 1999—2000 年达到 168 亿美元,2006 年开始又下降到 70 亿美元左右的水平,最低在 2010 年为 51 亿美元(见表 5-3)。"黄箱——AMS"支持量占农业 GDP 的比重,在 1996—2001 年平均值为 6%,《2002 年农业法案》实施期间(2002—2007年)平均值下降到 4%,《2002 年农业法案》实施期间(2002—2007 年)平均值下降到 2%。"黄箱支持——微量允许"的支持水平在 1999—2001 年期间达到最高,接近 4%。之后,虽然绝对量有所增加,但支持水平基本维持在农业 GDP 的 2% 左右(图 5-2)。

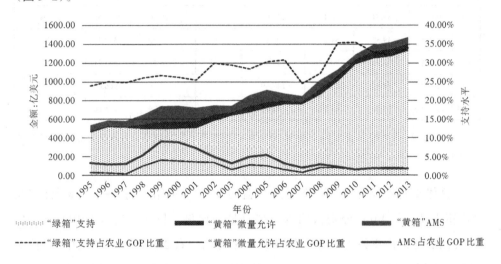

图 5-2 美国农业国内支持分类水平变化(1995—2013 年)

表 5-3 美国农业国内支持总体水平与结构数据(1995—2013 年) 单位:亿美元

年份	A绿箱支持	B黄箱:微量允许	C黄箱:AMS	D黄箱支持总量(B+C)	E蓝箱支持	F国内支持总量(A+D+E)	G农业总产值	支持总量占农业总产值比例(F/G)
1995	460.33	14.83	62.14	76.97	70.30	607.61	1930.08	31.5%
1996	518.25	11.54	58.98	70.52	—	588.77	2068.38	28.5%
1997	511.83	8.04	62.38	70.42	—	582.25	2062.22	28.2%
1998	498.20	47.42	103.92	151.34	—	649.54	1917.29	33.9%
1999	496.59	74.35	168.62	242.97	—	739.56	1861.28	39.7%
2000	500.57	73.41	168.43	241.84	—	742.41	1916.65	38.7%
2001	506.72	70.52	144.82	215.34	—	722.06	1999.93	36.1%
2002	583.22	66.91	96.37	163.28	—	746.50	1950.13	38.3%
2003	640.62	32.37	69.50	101.87	—	742.49	2175.58	34.1%

续表

年份	A绿箱支持	B黄箱:微量允许	C黄箱:AMS	D黄箱支持总量(B+C)	E蓝箱支持	F国内支持总量(A+D+E)	G农业总产值	支持总量占农业总产值比例(F/G)
2004	674.25	64.58	116.29	180.87	—	855.12	2368.70	36.1%
2005	723.28	59.80	129.43	189.23	—	912.51	2383.09	38.3%
2006	760.35	36.01	77.42	113.43	—	873.78	2465.69	35.4%
2007	761.62	22.60	62.60	85.20	—	846.82	3112.28	27.2%
2008	862.18	64.53	91.83	156.37	—	1018.55	3165.13	32.2%
2009	1007.78	56.54	65.48	122.02	—	1129.80	2846.52	39.7%
2010	1189.57	49.52	51.61	101.13	—	1290.70	3349.32	38.5%
2011	1251.17	73.31	70.67	143.98	—	1395.15	3807.81	36.6%
2012	1274.41	78.89	68.60	147.49	—	1421.90	3966.06	35.9%
2013	1333.11	73.76	68.92	142.68	—	1475.79	3915.80	37.7%

数据来源:据美国农业国内支持WTO通报数据整理(以2017年2月3日更新的修订版本为准)。

总体支持结构是指"绿箱支持""蓝箱支持""黄箱支持——微量允许"和"黄箱支持——AMS"分别占国内支持总量的比例。图5-3展示了1995—2013年美国农业国内支持的总体结构及其变化情况。农业国内支持总量中"绿箱支持"的比例,在《1996年农业法案》实施期间(1996—2001年)平均值为76%,在《2002年农业法案》实施期间(2002—2007年)平均值为83%,在《2008年农业法案》实施期间(2008—2013年)平均值为89%。

与"绿箱支持"比例总体上升相对的是,"黄箱支持"比例总体下降。"黄箱支持"比例的总体下降使得AMS比例的大幅下降,《2008年农业法案》实施以后,"黄箱支持"总量占国内支持总量的比重约为11%,其中AMS和微量允许约各占5.5%。

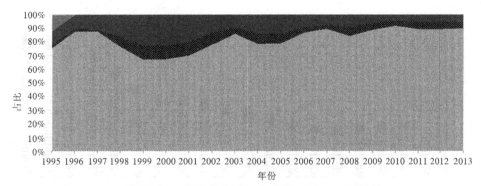

图5-3　美国农业国内支持结构变化(1995—2013年)

5.2.2 "绿箱"支持水平与结构变化

根据《农业协定》附件2对"绿箱措施"的界定和分类,"绿箱措施"分为一般服务支持、粮食安全目的的公共储备支出、国内食物救助、与生产脱钩的收入支持、收入保险和安全网支持、自然灾害救助、通过生产者退休的结构调整补贴、通过资源停用的结构调整补贴、通过投资援助的结构调整补贴、资源环境项目补贴、地区援助,共12种类型(可参见第三章表3-3)。美国向WTO通报的"绿箱支持"数据显示(表5-4),1995—2001年美国使用了7种类型的"绿箱措施",2002年以后,把"通过资源停用的结构调整项目补贴"合并到了"资源环境项目补贴"之后,还有6种类型的"绿箱措施"。

其中,国内食物救助项目是支出金额最大、增长最多的项目,占"绿箱措施"总量的70%以上。其支持金额从1995年的374.70亿美元,增长到2013年的1095.91亿美元。一般服务支持为第二大支出项目,其支持金额从1995年的58.11亿美元,增长到2013年的126.70亿美元。第三大支出的"绿箱措施"是与生产脱钩的收入支持(具体措施是《1996年农业法案》下的生产灵活性补贴和2002年、2008年农业法案下的固定直接补贴),其支持金额基本稳定在50至60亿美元。资源环境项目补贴自《2002年农业法案》以来逐年增加,从2002年的25亿美元增加到2013年的50亿美元,成为第四大"绿箱支持"项目。用在灾害救助方面的支出,1995-2013年年均8.67亿美元,《2008年农业法案》实施以后,随着属于"黄箱"的农作物保险项目增加,用于灾害救助方面的支出大幅降低,2008—2013年,年均仅为1.7亿美元(如图5-4所示)。

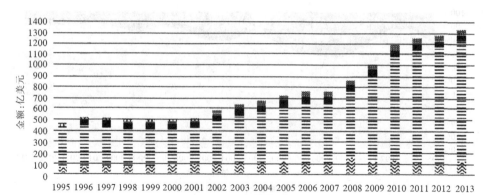

图5-4 美国农业"绿箱支持"结构变化(1995—2013年)

表5-4 美国通报的农业"绿箱支持"数据(1995—2013年)　　　　　单位:亿美元

绿箱措施分类	一般服务支持	国内食物救助	与生产脱钩的收入支持	自然灾害救助	通过投资援助的结构调整补贴	通过资源停用的结构调整补贴	资源环境项目补贴	其他	合计
1995年	58.11	374.70	0	1.02	0.84	17.32	8.33	0.01	460.33
1996年	65.5	378.34	51.86	1.56	0.88	17.32	2.79	0	518.25
1997年	67.97	359.63	62.86	1.57	0.89	16.91	2.00	0	511.83
1998年	72.25	334.87	56.59	14.12	0.93	16.88	2.56	0	498.20
1999年	76.94	330.50	54.71	16.35	1.34	13.43	3.32	0	496.59
2000年	85.54	323.77	50.68	21.41	1.32	14.76	3.09	0	500.57
2001年	92.14	339.16	41.00	14.21	1.06	16.24	2.91	0	506.72
2002年	102.58	380.13	53.01	21.21	1.24	0	25.05	0	583.22
2003年	109.42	423.76	64.88	16.94	1.12	0	24.50	0	640.62
2004年	111.98	458.61	52.70	19.64	0.93	0	30.39	0	674.25
2005年	113.45	506.72	61.64	6.68	0.79	0	34.00	0	723.28
2006年	107.83	541.77	61.45	10.68	1.36	0	37.26	0	760.35
2007年	107.47	544.08	61.30	9.26	1.24	0	38.27	0	761.62
2008年	157.52	605.19	57.76	0.65	1.23	0	39.83	0	862.18
2009年	115.50	787.96	61.75	0.93	1.20	0	40.44	0	1007.78
2010年	130.73	949.15	58.52	0.63	2.26	0	48.28	0	1189.57

绿箱措施分类	一般服务支持	国内食物救助	与生产脱钩的收入支持	自然灾害救助	通过投资援助的结构调整补贴	通过资源停用的结构调整补贴	资源环境项目补贴	其他	合计
2011年	109.36	1031.51	56.98	2.64	1.54	0	49.14	0	1251.17
2012年	102.52	1067.81	47.90	3.44	1.35	0	51.39	0	1274.41
2013年	126.70	1095.91	57.95	1.74	0.93	0	49.88	0	1333.11
均值	100.71	570.19	53.34	8.67	1.18	5.94	25.97	0.00	766.00

数据来源:据美国农业国内支持WTO通报数据整理(以2017年2月3日更新的修订版本为准)。

5.2.3 "黄箱支持"水平与结构变化

通报数据显示(表5-5),1995—2013年,年度"黄箱支持"总量呈现周期性变化,最高时在1999年,达到242.97亿美元,最低时在1997年,仅为70.42亿美元。根据《农业协定》对"黄箱措施"及AMS计算方法的规定,"黄箱支持"总量等于所有"基于特定产品的支持"与所有"非基于特定产品的支持"的总和。其中基于特定产品的支持又细分为市场价格支持、不可免除的直接补贴、其他基于特定产品的支持。从不同类型措施的支持量来看(图5-5),其中,(1)市场价格支持金额在1995—2007年间稳定在58亿美元左右,2008年以后略有减少,2008—2013年间稳定在40亿至43亿美元。(2)基于特定产品不可免除的直接补贴支出金额变化较大,因为此类补贴措施主要是和市场风险相关的,比如营销援助贷款收益和贷款差额补贴等。在1999—2001年间和2004—2005年由于农产品价格大跌,此类补贴支出激增,1999—2001年间高达104.03亿、105.67亿、84.35亿美元,2004—2005年也分别达到56亿和67亿美元。(3)其他基于特定产品的补贴从2008年开始大幅增加,并稳定在50亿至75亿美元之间,主要措施是农作物保险保费补贴自2008年以后作为此类措施进行通报。(4)非基于特定产品的综合支持量年度变化也很大,总体和基于特定产品不可免除的直接补贴支出金额变化趋势一致,此类支出也和市场风险密切相关。针对该情况主要措施是反周期补贴。

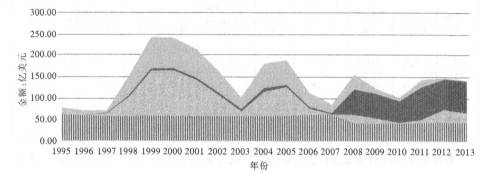

特定产品市场价格支持 特定产品不可免除的直接补贴

其他基于特定产品的补贴 非基于特定产品的综合支持量

图5-5 美国农业"黄箱支持"结构变化:基于措施类型(1995-2013年)

表5-5 美国通报的农业"黄箱支持"数据(1995-2013年) 单位:亿美元

年份	A特定产品市场价格支持	B特定产品不可免除的直接补贴	C其他特定产品的补贴	D基于特定产品的支持量合计(A+B+C)	F基于非特定产品的综合支持量	F黄箱支持总量(D+E)	其中的AMS	其中的微量允许
1995	62.13	0.88	0.10	63.11	13.86	76.97	62.14	14.83
1996	59.19	0.07	0.12	59.37	11.15	70.52	58.98	11.54
1997	58.16	5.78	0.80	64.75	5.67	70.42	62.38	8.04
1998	57.76	44.37	3.38	105.50	45.84	151.34	103.92	47.42
1999	59.21	104.03	5.67	168.91	74.06	242.97	168.62	74.35
2000	58.40	105.67	4.98	169.06	72.78	241.84	168.43	73.41
2001	58.26	84.35	4.46	147.06	68.28	215.34	144.82	70.52
2002	57.71	49.30	5.23	112.27	51.01	163.28	96.37	66.91
2003	57.57	11.42	4.87	73.86	28.01	101.87	69.50	32.37
2004	58.66	55.90	8.53	123.09	57.78	180.87	116.29	64.58
2005	59.08	67.05	4.47	130.61	58.62	189.23	129.43	59.80
2006	61.54	14.12	3.47	79.13	34.30	113.43	77.42	36.01
2007	62.38	0.14	2.45	64.97	20.23	85.20	62.60	22.60
2008	40.60	20.85	59.13	120.58	35.79	156.37	91.83	64.53
2009	40.68	12.21	56.64	109.53	12.49	122.02	65.48	56.54
2010	41.03	1.84	49.43	92.30	8.83	101.13	51.61	49.52
2011	42.41	7.89	75.87	126.16	17.82	143.98	70.67	73.31

年份	A特定产品市场价格支持	B特定产品不可免除的直接补贴	C其他特定产品的补贴	D基于特定产品的支持量合计(A+B+C)	E基于非特定产品的综合支持量	F黄箱支持总量(D+E)	其中的AMS	其中的微量允许
2012	43.28	30.16	70.95	144.40	3.09	147.49	68.60	78.89
2013	43.24	22.92	73.79	139.95	2.72	142.68	68.92	73.76

数据来源:据美国农业国内支持WTO通报数据整理(以2017年2月3日更新的修订版本为准)。

美国通报的非基于特定产品的"黄箱"支持量每年都低于农业总产值的5%,属于微量允许的"黄箱"支持。通报的计入现行TAMS的支持量全部来自基于特定产品的支持(特定产品"黄箱"支持超过其产值的5%,则该产品的"黄箱"支持量计入AMS)。总体看,除了1999—2001年的现行TAMS接近约束水平外,其余年份的现行TAMS远低于其TAMS约束水平(图5-6)。2008年以后TAMS不高,主要原因是2008—2013年处在通胀周期,农产品价格总体较高,而补贴的目标价格和贷款率水平始终稳定在较低水平,大量和价格挂钩的补贴支出金额非常小,包括发周期补贴、营销援助贷款补贴没有被触发。近年来农产品价格进入长期下跌通道,一旦那些和价格挂钩的差额补贴被大量触发,美国的TAMS水平将显著增加。

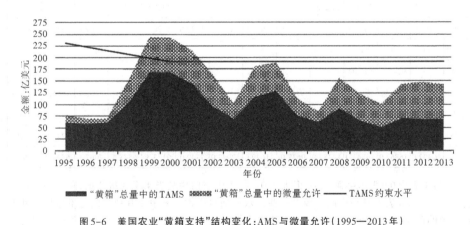

图5-6 美国农业"黄箱支持"结构变化:AMS与微量允许(1995—2013年)

5.2.4 主要产品的AMS及其支持水平变化

特定产品AMS为其"黄箱"支持水平超过其产值5%情况下的"黄箱"支持量(若特定产品"黄箱"支持水平不超过其产值的5%,其支持量记为微量允许)。表

5-6汇总了计入现行TAMS的特定产品AMS[①]。数据可见,在通常年份,棉花、牛奶、食糖三种产品始终是TAMS的主要来源;在TAMS较高的几个年份里(1998—2001年和2004—2005年),TAMS主要来源包括玉米、棉花、牛奶、花生、大米、高粱、大豆、食糖、小麦、烟草的AMS。2008年以后,TAMS主要来源主要是棉花、牛奶、高粱、食糖、小麦的AMS。其次,大麦、油菜籽、干豆、葵花、羊毛等的AMS金额虽然不大,但也是TAMS的稳定来源产品。

表5-6　主要产品的AMS(1998—2013年)　　　　　　　单位:百万美元

产品	1998年	1999年	2000年	2001年	2002年	2004年	2005年	2006年	2008年	2009年	2011年	2012年	2013年
大麦	84.3	39.7	69.8	—		83.0	46.2		—	51.0	41.3		—
油菜籽	8.3	39.1	82.3	23.0			13.5		27.6	17.4	39.6	42.5	45.8
玉米	1533.6	2554.2	2787.1	1326.1		3059.4	4490.0						
棉花	934.7	2353.1	1049.8	2810.1	1186.8	2238.4	1620.7	1365.2	1383.5	368.4	894.4	636.1	573.5
牛奶	4455.6	4560.4	4660.2	5070.4	4483.3	4736.8	4662.6	5154.6	3975.0	3011.8	3255.2	3,335.8	3209.3
干豆角	—									39.1		57.9	
干豌豆	—				32.1	37.4	30.4			19.4	15.7		23.2
花生	339.7	349.1	437.7	304.6	66.0		89.2						
大米	—	435.0	624.4	762.9	711.6	130.8	132.5						
高粱	62.8	153.8	85.1			129.7	139.8		123.0	91.7	137.7	142.1	190.0
大豆	1275.3	2856.1	3614.3	3622.6		—	—		1477.9				
糖	1055.5	1207.3	1177.5	1061.0	1327.8	1281.9	1199.2	1279.6	1170.2	1277.4	1447.2	1454.3	1445.2
向日葵	0.0	143.1	161.4	54.5			—		71.1	53.8	65.9	51.3	54.1
烟草	—	924.25	519.07										
小麦	515.6	973.9	848.2			—	—		939.0	1520.4	1162.9	1115.9	1317.5
羊毛	—	8.7	33.1	—	7.8	7.4	6.6	7.4	4.9	8.3	—		—
其他	21.9	164.4	283.1	33.9	32.3	3.7	13.3	15.3	11.3	89.6	7.0	24.2	33.1
合计	10392.0	16862.0	16843.0	14482.0	9637.0	11629.0	12943.0	7742.0	9183.5	6548.4	7067.1	6860.0	6891.8

注:①表中0.0表示金额很小,但大于0。②表中空白栏是当年无通报数据,默认为当年支持水平为0。③表中其他产品主要是一些小众的油料作物。表中没有列出的且不包括在其他产品中的产品,其在1995—2013年的支持水平都不超过产值的5%(微量允许),表5-7注释同。④数据来源于美国农业国内支持WTO通报文件(以截至2017年2月3日的最新修订版本数据为准)。

———————

① 限于篇幅,表5-6没有展示TAMS最低的几个年度的AMS值,分别是1995—1997年、2003年、2007年、2010年。

表5-7　主要产品支持水平："黄箱"支持量占产值的比例(1998-2013)　　　单位:%

产品	1998年	1999年	2000年	2001年	2002年	2004年	2005年	2006年	2008年	2009年	2011年	2012年	2013年	平均
大麦	12.3	6.7	10.7	3.1	0.6	11.9	8.8	1.9	3.6	5.3	5.1	4.0	4.1	6.0
油菜籽	5.2	36.7	61.4	13.1	0.1	2.8	8.9	—	10.2	7.3	10.9	6.6	10.0	14.4
玉米	8.1	14.9	15.1	7.0	0.9	12.5	20.2	0.1	4.4	4.6	3.8	3.7	4.9	7.7
棉花	19.4	53.9	21.3	74.2	27.0	39.1	28.5	27.2	34.7	8.3	10.6	8.2	9.2	27.8
牛奶	18.7	19.9	24.4	18.0	30.4	16.9	19.2	21.4	11.3	12.3	8.2	9.0	7.9	16.7
干豆角	—	—	—	—	—	—	—	—	4.1	5.2	3.7	5.2	4.7	4.6
干豌豆	—	—	—	—	0.0	48.3	56.7	35.1	4.2	5.2	5.1	4.6	5.2	18.3
花生	30.2	35.9	48.8	30.4	11.0	4.0	10.6	3.0	4.2	3.8	3.4	2.3	3.5	14.8
大米	1.2	35.3	59.5	82.5	72.6	7.7	7.6	0.1	0.7	2.1	1.9	1.5	1.4	21.1
高粱	6.9	16.4	10.0	1.3	—	15.4	19.0	—	7.5	7.6	10.9	8.8	11.1	8.9
大豆	9.5	23.4	29.0	28.7	0.3	2.8	0.4	0.3	5.0	4.4	4.2	3.4	3.5	8.8
糖	49.6	56.3	57.3	52.3	63.1	66.5	61.6	52.8	55.5	49.3	42.8	39.4	57.8	54.2
向日葵	4.0	42.1	65.4	16.7	0.0	—	3.7	—	10.1	11.7	11.2	7.3	12.2	16.8
烟草	-0.3	39.2	26.5	-0.1	4.2	1.2	—	—	2.3	2.7	3.4	2.7	2.8	7.7
小麦	7.6	17.4	14.7	3.5	0.4	1.2	0.4	0.0	5.6	14.3	8.1	6.4	9.0	6.8
羊毛	0.0	48.7	214.9	—	36.0	24.6	25.2	30.2	15.1	34.1	2.1	—	0.0	35.9

注:其中支持水平小于5%的为微量允许支持;大于5%的为AMS支持。

数据来源:作者根据美国农业国内支持WTO通报数据(以截至2017年2月3日的最新修订版本为准)计算整理。

　　表5-6反映了美国重点支持的农产品,为了进一步看这些产品的支持水平,表5-7计算了上述产品"黄箱"支持量占其产值的比例,并用图5-7直观地反映了出来。可见,在1999—2001年间,主要农产品的支持水平都高达30%以上[1],其中2001年对大米的支持水平高达82.5%、对棉花的支持水平高达74.2%。但自《2002年农业法案》以后,主要农产品支持水平总体降到了30%以下,而对食糖的支持水平始终保持在40%至60%之间,棉花、牛奶的支持水平也保持在相对较高的水平(见图5-7)。

---

　　[1] 由于国际农产品价格的暴跌,营销援助贷款和贷款差额补贴支出大幅增加,而且临时颁布农业风险紧急援助法案增加了对部分特定产品的市场损失补贴。

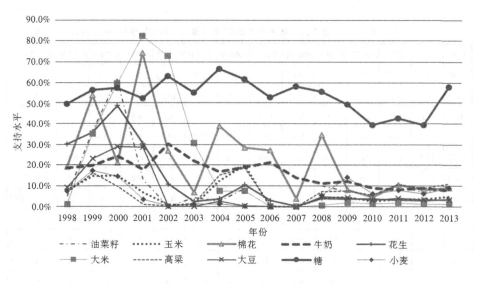

图5-7　主要产品支持水平:"黄箱"支持量占产值的比例(1998—2013年)

5.3 本章小结

　　基于美国向WTO通报的数据分析发现,1995—2013年,美国农业国内支持总量从1995年的607.61亿美元增加到2013年的1475.79亿美元,成倍数增加,总体支持水平不仅没有下降而且略有上升,农业国内支持总量占农业总产值的比重基本维持在35%以上。但美国利用箱体转换,大幅增加"绿箱"支持总量和"绿箱"支持水平,"黄箱"支持总量和年度现行TAMS在《农业协定》达成之初的1995—1997已经削减到很低的水平。这意味着1994年达成的《农业协定》制定的以1986—1988年为基期的"黄箱"支持削减计划,对于美国而言没有任何压力。1999—2001年因农产品价格暴跌、农业风险加大,美国一度增加"黄箱"支持力度,但通报的数据显示TAMS也没有超过约束水平。2000年以后,"黄箱"支持总量呈下降趋势,其中通报的计入现行TAMS的"黄箱"支持量远远低于其TAMS约束水平。

　　尽管美国通报的计入现行TAMS的"黄箱"支持量和支持水平都不高,但通过特定产品的AMS和支持水平分析发现,美国对食糖、牛奶、棉花、花生、大米、玉米、高粱、大豆、小麦、大麦、油菜籽、干豆角、向日葵、羊毛这几种产品的支持水平相当高。但是,由于美国农业"黄箱"补贴只受TAMS上限约束,美国只要保证TAMS不超过约束水平,就可以对少数特定产品给予很高水平的支持。这说明现行WTO农业国内支持规则对美国农产品"黄箱"支持并不能产生实际约束作用。

尽管基于美国通报数据的观测结果显示,美国向WTO通报的1995—2013年间每年的现行AMS总量(TAMS)没有超过《农业协定》规定的TAMS年度约束上限,但这并不代表美国农业国内支持的实际TAMS没有超过《农业协定》规定的TAMS年度约束上限。因为美国提交的国内支持通报本身有可能存在错报、虚报、隐瞒等问题,比如对具体措施的"归箱"处理、支持金额计算等方面可能存在不符合《农业协定》规则的问题。美国已有一些农业国内支持措施不合规的通报受到其他成员质疑和指控,因此美国对通报也做了多次修订,比如对2008年以后的农业保险保费补贴的通报已经从"非基于特定产品的支持"调整为"基于特定产品的支持"。通过对通报的主要措施分析发现,美国大量使用所谓的与生产脱钩的补贴,把一些本来基于特定产品的支持转化为"绿箱"或者"非基于特定产品支持",比如固定直接补贴、反周期补贴等,从而降低了通报的TAMS水平。对此类措施通报的合规性将在下一章深入讨论。

第6章　合规性分析(二):具体支持措施的通报问题

本章从美国对农业国内支持具体措施及其支持金额的通报与WTO《农业协定》国内支持及其通报和审议规则的一致性角度出发,分析美国对具体支持措施的通报的合规性。一是检查美国的农业国内支持通报中是否存在把本应归为"黄箱"的措施按照"绿箱"通报了,是否存在把本应纳入特定产品AMS计算的措施,按照"非特定产品支持"或者"绿箱"支持进行通报,从而隐瞒了真实的AMS水平。二是检查美国对应纳入AMS的各项"黄箱"支持措施的金额的通报是否准确,是否少报、漏报从而隐瞒了真实的AMS水平。

6.1 美国通报的主要措施

6.1.1 通报的主要"绿箱"支持措施

"绿箱支持"的具体措施非常多,但总体相对稳定性,因此本文以《2008年农业法案》实施期间的"绿箱措施"为例,分析美国"绿箱支持"的主要具体措施。其中,政府一般服务支持的主要支出措施包括:(1)研究、报告、获取、维护和传播农业信息等支出;(2)农业研究、教育与推广支出;(3)动物健康服务人员工资和费用;(4)州政府每年提供的农业服务费用和税收的支出;(5)农产品质检服务工资和费用;(6)农业风险管理局(RMA)对承保人的行政管理、经营补偿和按照标准再保险协议分给私营保险公司的承保收益;(7)农业资源保育计划的推广、公告和培训服务支出等(见表6-1)。

表6-1 "绿箱"通报:一般服务支持具体措施(2008—2012年)　　　　　单位:百万美元

负责的部门或机构	具体措施描述	2008年	2009年	2010年	2011年	2012年
ARS	研究,报告,获取、维护和传播农业信息等	1149	1134	1200	1162	1095
	建筑物和设施:包括全国农业图书馆	127	44	56	102	58

负责的部门或机构	具体措施描述	2008年	2009年	2010年	2011年	2012年
	其他杂项:各种产品研发,水土保持,动植物科学,食物营养,综合农业系统等研究	19	22	19	22	23
负责的部门或机构	具体措施描述	2008	2009	2010	2011	2012
NIFA	研究与教育事项	650	638	611	650	729
	综合事项	54	63	78	89	100
	推广事项	422	467	435	450	527
	对若是农民的资助	6	—	—	—	—
	生物质能的研究与开发事项	10	14	13	10	20
RBCD	农村合作社发展拨款	30	27	17	25	27
	给农民提供贷款、贷款担保和直接的资金补贴,让其采购生物质能源系统,改善能源效率	17	—	—	—	—
APHIS	动物健康服务工资和费用	1176	1163	1717	1156	1115
	建筑和设施	4	3	8	5	7
	其他信托基金	16	17	18	14	11
州政府	州政府每年提供的农业服务费用和税收的支出	4302	3011	3011	2524	2447
GIP&S	谷物检验、包装和畜牧圈舍管理服务的工资和费用	37	40	41	40	37
	农产品交易监督和称重服务,防止不公平交易	—	—	—	—	3
FSIS	农产品质检服务工资和费用	908	956	1019	1031	986
	农产品质量安全检验和分级服务	13	7	9	12	10
AMS	营销服务	85	87	92	75	89
	支付给州政府及其属地的	11	14	18	34	47
	易腐农产品法案基金	11	10	10	10	10
	农产品检验和分级费用	177	148	157	154	154
RMA	行政管理及经营费用	76	73	78	77	77
	对承保人的行政管理和经营补偿	2016	1602	1371	1383	1411
	按照标准再保险协议分给私营保险公司的承保收益	2541	810	2439	592	0

续表

负责的部门或 机构	具体措施描述	2008年	2009年	2010年	2011年	2012年
经济学家办公室	世界农业展望委员会(WAOB)研究经费	4	5	5	5	5
ERS	研究经费	78	80	68	88	80
NASS	全国农业统计服务	160	145	159	146	164
FSA 和 NRCS	水土保育技术服务	734	78	90	144	144
NRCS	资源保育计划的推广、公告和培训服务	867	840	826	875	835
FAS	对农民提供贸易调整的信息和技术援助,支持农民调整经营计划免于进口的冲击	—	1	4	34	41

注:受篇幅限制,对表中的部门和机构缩写不做详细说明。

资料来源:作者根据美国2008—2012年国内支持WTO通报整理,以其修订版通报为准,下同。

国内食物救助主要支出措施包括:(1)食品券项目,此项目2009年开始改名为补充营养援助项目,是指给低收入群体经济资助帮助他们采购营养食物;(2)儿童营养援助:包括现金和商品的援助帮助儿童获得足够的营养食品,包括特殊牛奶捐赠、学校的早午餐计划等;(3)孕妇、婴儿特殊补充营养援助;(4)由农业市场服务局负责采购农产品分发给低收入人群、儿童和老人(见表6-2)。

表6-2 "绿箱"通报:国内食物救助具体措施(2008—2012年)　　单位:百万美元

负责的部门 或机构	具体措施描述	2008年	2009年	2010年	2011年	2012年
食物与消费者服务局(FCS)	营养援助项目管理	138	143	150	149	138
	食品券项目	39319	—			
	补充营养援助项目:给低收入群体经济资助帮助他们采购营养食物	—	55604	70492	77637	80401
	儿童营养援助:包括现金和商品的援助帮助儿童获得足够的营养食品,包括特殊牛奶捐赠、学校的早午餐计划等	13932	15252	16430	17284	18309
	孕妇、婴儿特殊补充营养援助	6160	6480	6469	6787	6837
	对印第安驻地、太平洋岛屿紧急食物援助等	230	369	288	307	259
农业市场服务局(AMS)	采购农产品分发给低收入人群、儿童和老人	740	948	1086	987	837

资源环境项目支出的主要措施包括:(1)由农产品信贷公司(CCC)和国际资源保护局(NRCS)共同负责的,为减少土壤侵蚀和农民签订的对农田进行永久作

物覆盖的10年耕地租赁协议(让作物长在地里不收割)的补贴,此项目2010年开始由农场服务局负责;(2)环境质量改善计划:给生产者补贴鼓励其减少农业生产的环境问题,一半资金用于处理畜禽污染;(3)对农业土地资源管理中心管理费用的补贴;(4)湿地资源保育补贴;(5)农田保护项目的费用补贴(通过防止农地非农用保护表层土)等(见表6-3)。

表6-3 "绿箱"通报:资源环境项目支出具体措施(2008—2012年) 单位:百万美元

负责的部门或机构	具体措施描述	2008年	2009年	2010年	2011年	2012年
CCC和NRCS	为减少土壤侵蚀和农民签订的对农田进行永久作物覆盖的10年耕地租赁协议(让作物长在地里不收割)	2036	1856	—	—	—
农场服务局(FSA)	为减少土壤侵蚀和农民签订的对农田进行永久作物覆盖的10年耕地租赁协议(让作物长在地里不收割)	—	—	1793	1795	1824
农场服务局(FSA)	紧急休耕补贴(因自然灾害对水土的破坏需要紧急休耕)	28	71	77	35	56
农场服务局(FSA)	为农民实施环境保育措施提供贷款的利息补贴	—	—	2	5	0
农场服务局(FSA)	给各级政府拨款用于鼓励农民允许政府进入其土地进行野生动物栖息地重建	—	—	12	18	0
国家资源保护局(NRCS)	对水资源管理成本的补贴	7	7	7	7	2
国家资源保护局(NRCS)	对土地资源管理中心管理费用的补贴	356	285	612	778	930
国家资源保护局(NRCS)	草地保育补贴	3	48	100	78	65
国家资源保护局(NRCS)	湿地资源保育补贴	173	436	630	569	588
国家资源保护局(NRCS)	野生动物栖息地保护和管理补贴	84	73	83	83	47
国家资源保护局(NRCS)	农田保护项目的费用补贴(通过防止农地非农用保护表层土)	96	119	150	169	145
国家资源保护局(NRCS)	环境质量改善计划:给生产者补贴鼓励其减少农业生产的环境问题,一半资金用于处理畜禽污染。	1200	1055	1246	1231	1373
国家资源保护局(NRCS)	农业用水精进化项目	—	72	72	73	59
国家资源保护局(NRCS)	切萨皮克湾流域综合治理项目	—	22	22	73	50

资料来源:作者根据美国通报数据整理。

6.1.2 通报的主要"黄箱"支持措施

美国通报的基于特定产品支持的具体措施如表6-4所示。其中,市场价格支持措施是食糖和花生的无追索权贷款政策和牛奶及其制品的最低协议价格政策。无追索权贷款支持在2002年以后仅适用于食糖,这和农业法案的规定是一致的。

在通报的不可免除的直接补贴的具体措施中,最主要的是营销援助贷款收益、贷款差额补贴和销售凭证兑换收益,这三项政策适用的产品是农业法案规定的营销援助贷款政策适用的产品,1996—2013年每年都有。第一是对牛奶专项补贴措施,具体包括牛奶公共污染损失补贴①,奶牛病害损失补贴②,牛奶市场风险收入损失补贴③。第二是棉花种子补贴。第三是对水果、牲畜、家禽在某些年份实施的专项补贴,比如《2002年农业法案》下的水果和畜产品贸易调整援助补贴、牲畜综合补贴,2008年以后增加的家禽综合补贴。最后是,《2008年农业法案》下的平均作物收入补贴项目(ACRE)也是按照此类措施进行通报的。

通报的其他基于特定产品的支持的具体措施。第一,主要农产品的抵押贷款利息补贴、存储费用补贴。第二是对棉花使用者(用棉企业)使用国产棉花给予的营销补贴。第三,在《2002年农业法案》实施期间,对用玉米、高粱、小麦加工燃料乙醇的补贴:生物能源项目补贴(Bioenergy program payments),对使用大豆、畜产品油脂加工生物柴油给予的补贴:生物柴油项目补贴(Biodiesel program payments)。第四,值得注意的是,在美国最新修订的通报文件中,自2008年以后,作物保险保费补贴(Crop insurance premium subsidy)按照此类措施进行通报。而在其之前的提交的通报文件中,作物保险保费补贴是按照非基于特定产品支持措施进行通报的。

表6-4 美国通报的基于特定产品支持的具体措施一览表(1996—2013)年

类型	1996—2001年	2002—2007年	2008—2013年
市场价格支持	食糖、花生的无追索权贷款政策;牛奶及其制品的最低协议价格政策	食糖的无追索权贷款政策;牛奶及其制品的最低协议价格政策	

---

① 对比如奶牛吃了被公共污染的饲料导致原奶质量不合格的损失的补偿。

② 对比如牛群疾病、牛场被大水淹了等带来的损失的补偿。

③ 与牛奶市场价格相关的补贴,可以理解为牛奶目标价格补贴(差价补贴)。

类型	1996—2001年	2002—2007年	2008—2013年
不可免除的直接补贴	(1)营销援助贷款收益贷款差额补贴；(2)销售凭证兑换收益(Certificate exchange gains)；(3)牛奶公共污染损失补贴(Dairy indemnities)；(4)牛奶病害损失补贴(Dairy production disaster assistance)；(5)牛奶市场风险收入损失补贴(Dairy market loss payment)；(6)棉花种子补贴(Cotton seed payments)；(7)油料作物专项补贴(Oilseed payments)；(8)花生市场损失补贴(market loss payments)	(1)营销援助贷款收益贷款差额补贴；(2)销售凭证兑换收益；(3)牛奶公共污染损失补贴；(4)牛奶病害损失补贴；(5)牛奶市场风险收入损失补贴；(6)棉花种子补贴(Cotton seed payments)；(7)水果和畜产品贸易调整援助补贴(Trade adjustment assistance)；(8)牲畜综合补贴(Livestock compensation program)；(9)甘蔗灾害补贴(Sugarcane disaster payments)	(1)营销援助贷款收益和贷款差额补贴；(2)销售凭证兑换收益；(3)牛奶公共污染损失补贴；(4)牛奶病害损失补贴；(5)牛奶市场风险收入损失补贴；(6)牲畜的综合补贴：直接补贴、紧急援助和饲料补贴(Livestock compensation program)，(7)家禽综合补贴：直接补贴、紧急援助和饲料补贴(poultry compensation program)；(8)对果树的专项补贴；(9)2011年指定作物特殊天气条件援助补贴；(10)平均作物收入选择项目(ACRE)
其他基于特定产品的支持	(1)农产品抵押贷款利息补贴(Commodity loan interest subsidy)；(2)存储费用补贴(Storage payments)；(3)棉花使用者营销补贴(User marketing payments)	(1)农产品抵押贷款利息补；(2)存储费用补贴；(3)棉花使用者营销补贴(User marketing payments)；(4)玉米、高粱、小麦的生物能源项目补贴(Bioenergy program payments)；(5)对大豆、畜产品的生物柴油项目补贴(Biodiesel program payments)	(1)农产品抵押贷款利息补贴；(2)存储费用补贴；(3)陆地棉使用者经济结构调整补贴(EEA)；(4)长绒棉使用者市场营销补贴；(5)作物保险保费补贴(Crop insurance premium subsidy)

资料来源：根据美国农业国内支持WTO文件(1996—2013年)整理。

通报的非基于特定产品支持的措施汇总如表6-5所示。其中有三项支持措施的通报值得特别关注。一是对农作物保险补贴的通报，2007年以前，作物保险补贴按照非基于特定产品支持措施进行通报的，通报的金额是每个作物年度所有农业保险项目总赔付额扣除农民自交保费总额，2008年以后农作物保险补贴的通报方式发生了变化，直接把特定作物保费补贴放在其他基于特定产品支持中进行通报，把调整的农场总收入(毛收入)保险保费补贴仍按照非基于特定产品支持进行通报。二是在1998—2001年间临时增加的作物市场损失援助补贴(Crop Market loss assistance payments)。在1998—2001年间农业风险激增、农产品价格暴跌背景下，美国连续颁布了几部临时农业法案增加对生产的补贴，对有资格获得生产灵活性合同补贴的农民，在1998—2001年度分别在生产灵活性补贴的基础上额外临时增加一笔紧急市场损失援助补贴。这也正是后来《2002年农业法案》设计的反周期补贴的背景之一。三是名义上与生产脱钩的反周期补贴一直是作为非基于特定产品支持进行通报的。上述三类措施通报方式是否符合WTO规则，将在下一章详细讨论。

表 6-5　美国通报的非基于特定产品的主要支持措施一览表(1995—2013年)

具体措施	通报的实施年度	备注
西部 17 州的灌溉补贴(Irrigation on Bureau of Reclamation Projects in 17 Western States):为灌溉设施建造提供的长期的低息或无息贷款	1996—2013	
林务局和土地管理局对公地上的牧草进行养护的联邦预算净支出(Net Federal budget outlays for grazing livestock on Federal Land)	1996—2013	
农作物保险补贴(Crop insurance subsidized by the Federal Crop Insurance Corporation: Indemnities paid to farmers):作物年度总赔付额扣除农民自交保费总额	1996—2007	2008 年后保费补贴按特定产品通报
调整的农场总收入(毛收入)保险保费补贴(Adjusted gross revenue insurance: premium subsidies)	2008—2013	
补充作物收入损失补贴(Supplemental Crop Revenue Assurance (SURE)):为自然灾害导致收入损失超过 50% 的县的生产者提供全农场收入损失的 60% 的额外补助	2008—2011	
州政府补充农业信贷项目补贴(State credit programmes):州政府提供的各种和农业资金支持项目相关的补贴,包括在经济低迷时期对家庭农场的信贷支持,对新企业、新农业技术创新的信贷支持。	1997—2007	
作物市场损失援助补贴(Crop Market loss assistance payments):1998、1999 年分别颁布了两个临时农业法案,对有资格获得生产灵活性合同补贴的农民,在 1998-1999 年度分别在生产灵活性补贴的基础上额外临时增加一笔紧急市场损失援助补贴。2000 年农业风险保护法案授权农业部 2000-2001 年继续在生产灵活性补贴的基础上额外临时增加一笔紧急市场损失援助补贴。	1998—2001	2002 年以后这种补贴被设计为反周期补贴(CCP)
多年期农作物灾害补贴(Multi-year crop disaster payments)	1998	
种子生产者紧急贷款支持(Emergency loans for seed producers)	1999	
农场存储设施信贷支持(Farm storage facility loan program)	1998—2013	
反周期补贴(Countercyclical payments)	2002—2013	应按特定产品支持通报
生物质能源作物援助补贴(Biomass crop assistance program):给生产者或者法人实体提供资金让其把可作为合格的生物质能源材料的作物交给指定的生物量存储设施用于加工生物质能源。	2009—2012	
农村生物能源补贴(Rural Energy for American Program (formerly Renewable Energy Program)):给农民提供贷款、贷款担保和直接的资金补贴,让其采购生物质能源系统,改善能源效率。	2009—2013	2008 年此项目通报在"绿箱"
对地理位置不利的生产者提供农产品运费补贴 Reimbursement Transportation Cost Payment for Geographically Disadvantaged Farmers and Ranchers (RTCP)	2010—2013	

资料来源:根据美国农业国内支持 WTO 文件(1996—2013年)整理。

6.2 主要支持措施通报存在的问题及其原因

根据对美国主要农业国内支持措施和通报"归箱"的比较分析,发现美国对下列几项主要措施的通报存在问题:一是把1996—2001年实施的生产灵活性合同补贴(PFCP)和2002—2013年实施的固定直接补贴(FDP)按照免于削减的"绿箱"措施进行通报不合规;二是把2002—2013年实施的反周期补贴(CCP)按照"基于非特定产品支持"进行通报不合规;三是对农作物保险补贴的通报不合规。其中,美国2017年已经对2008年以来的农业保险补贴通报方式进行了修订。下文具体讨论不合规通报的原因。

6.2.1 按照脱钩收入补贴通报的PFCP和FDP并不完全符合"绿箱"标准和条件

农业协定附件2中第6条对可归为"绿箱"中"脱钩的收入支持(Decoupled income support)"的标准和条件是,要求该类措施必须基于合理的明确的标准(如收入标准、农业生产者身份或者土地所有者身份标准、生产水平标准),并且要保证该补贴不会使接受补贴的生产者获得额外的生产优势;附件2第6条(b)款规定:"在任何给定年度中,此类支付的数量不得与生产者在基期以后任何一年的生产类型和产量有关,或以此种类型或数量为补贴的基础";附件2第6条(e)款规定:"不得为接受此类支付而要求生产者进行生产"。

根据美国《1996年农业法案》对生产灵活性合同补贴(PFCP)操作细则的规定,以及《2002年农业法案》和《2008年农业法案》对固定直接补贴(FDP)操作细则的规定(在第4章已经详细分析)。PFCP和FDP都是按照农户(农场)特定作物历史基期面积的85%×历史基期单产计算得出的补贴产量发放的定额补贴。其中PFCP补贴的基期面积(Base acre)是指,1991—1995年间,每年实际种植面积加上因自然灾害等不可能抗拒因素导致的当年没有种植的面积之和的4年平均值,在此基础上,以后每年根据当期休耕面积增减变化进行调整。FDP补贴的基期面积(Base acre)是以1998—2001年间该作物实际种植面积的4年平均值为基础,然后每年根据休耕合同到期而释放出的休耕面积进行调整。

名义上看,PFCP补贴和FDP补贴都是按照历史种植面积和历史单产计算的,和补贴当期种植什么作物无关,但其农业法案规定对于获得固定直接补贴的面积数,可以根据休耕面积的变化情况进行调整的。并且《2002年农业法案》和《2008年农业法案》不仅允许农民可以重新选择基期,而且都规定,在上述所谓的脱钩补贴的面积禁止用于种植多年生的果树、蔬菜和野生水稻,也不得用于非农用途,如果发现农民在补贴的土地上种植这些作物被发现,要在收获前被强行销毁;如果部长认为农场有过在基础面积上种植上述作物的历史,那么可以允许在该农场上种植,但每种植一英亩上述农作物,则相应减少一英亩的直接补贴。[①]仅限于在规定的几种作物之间自由选择种植。而且,由于美国农产品的生产规模化和专业化程度很高,其农田基础设施和配套机械设备、管理技术的专用性等条件限制,更换种植品种的转换成本[②]相当高,种植灵活性也并不大。可见,PFCP补贴和FDP补贴是以生产一组指定的农作物为前提的,且由于专业化生产转换成本的存在,实际上补贴也并不完全和特定产品实际生产脱钩。

在多哈回合谈判中,一些WTO成员对美国所谓的脱钩的固定直接补贴是否扭曲生产已经进行了激烈讨论,但立场各不相同。美国一直强调上述补贴措施和生产脱钩,不扭曲贸易,但以巴西为代表的棉花生产国在上一轮棉花诉讼案中,通过大量翔实的数据证明美国的对棉花的所谓的脱钩补贴有85%是补给了实际的棉花生产者,从而增强了美国棉花生产者的竞争优势,刺激了美国棉花生产,压低了世界棉花价格,并对他国棉花生产者造成损害,严重扭曲贸易,最终WTO宣布美国违反了GATT第XVI条规定(韩一军、柯炳生,2004)。

综上所述,PFCP补贴和FDP补贴不完全符合《农业协定》附件2第6条对"绿箱"中"脱钩的收入支持(Decoupled Income Support)"的标准和条件。本文认为,基于WTO农业规则一致性的严格考量,PFCP补贴和FDP补贴应按照"黄箱"中"基于特定产品的支持",如果考虑专业化生产的转换成本对特定产品的生产灵活性的影响并非补贴政策本身给予农民的生产灵活性限制,所以,PFCP补贴和FDP补贴按照"非基于特定产品的支持"进行通报也可以勉强解释得通。

6.2.2 按照"非特定"通报的反周期补贴(CCP)不完全和特定产品生产脱钩

根据美国《2002年农业法案》和《2008年农业法案》规定,反周期补贴是按照农户(农场)特定作物历史基期面积的85%×历史基期单产计算得出的补贴产量发放的,按照目标价格和实际价格之间的差额计算的补贴。美国农业法案对反周期补贴的面积、单产、种植的灵活性要求,和对固定直接补贴的要求是完全相

---

① 参见美国《2002年农业法案》《2008年农业法案》第1107条。

② 不同产品配套不同的机械设备、管理技术、市场销售渠道等。

同的(反周期补贴和固定直接补贴唯一的不同在于前者是差额补贴,后者是定额补贴)。一是补贴的基础面积数可以根据休耕面积的变化情况进行调整,补贴的基期也可以调整;二是补贴的面积禁止用于种植多年生的果树、蔬菜和野生水稻,也不得用于非农用途;三是反周期补贴给予生产者的生产灵活性在实际中仍然受到农田基础设施、配套机械设备、管理技术等转换成本的制约。在巴西起诉美国棉花补贴案件中,同样通过大量翔实的数据证明美国的对棉花的反周期补贴和所谓的脱钩补贴一样,有85%是补给了实际的棉花生产者,从而增强了美国棉花生产者的竞争优势,并对他国棉花生产者造成损害,严重扭曲贸易。所以,反周期补贴不仅没有完全和特定产品实际生产脱钩,而且和特定产品价格挂钩;反周期补贴也应该按照"基于特定产品支持"的"黄箱措施"进行通报。

美国的反周期补贴本来是《2002年农业法案》按照多哈回合农业谈判提出的新"蓝箱"[①]规则设计的。但是,由于多哈回合农业谈判迟迟没有结果,所以美国在反周期补贴实施以后迟迟不进行通报,在推迟4~5年后的2007年,最终美国在其农业国内支持WTO通报中,把反周期补贴按照非特定产品支持的"黄箱"政策进行通报。基于特定产品的"黄箱"支持微量允许水平为该产品产值的5%,而非基于特定产品的"黄箱"支持微量允许水平为农业总产值的5%。显然,非基于特定产品的"黄箱"支持空间是巨大的。美国把反周期补贴按照非基于特定产品的"黄箱"措施进行通报,规避了规则约束。

6.2.3 农作物保险补贴的通报"归箱"错误且金额不足

6.2.3.1 美国对农作物保险补贴的通报方式

1996年开始,美国正式形成了由农业部风险管理局(RMA)领导的联邦中央农业保险公司(Federal Crop Insurance Corporation,简称FCIC)向指定的私营农业保险公司提供生产者保费补贴、经营管理费用补贴,指定的私营农业保险公司按照联邦中央农业保险公司的统一要求开展具体农业保险业务的农业保险经营模式。从1998年开始,FCIC向指定的私营农业保险公司提供再保险支持。美国政府对农业保险计划的补贴主要分为三项:一是对生产者的保费补贴,二是对保险公司提供经营管理费用和经营损益分配补贴,三是再保险支持。《1994年联保作物保险改革法案》之后,美国农作物保险产品主要包括作物产量保险、收入保险、

---

① "新蓝箱"把与生产脱钩的支付也纳入其中,免于削减。

保障水平不断提高,参保率快速上升,这些保险产品都和特定农产品的生产和价格挂钩,其补贴不满足"绿箱"标准和条件。但由于《农业协定》对农作物保险补贴的"归箱"和通报的规定并不具体。美国对大量基于特定作物的本应属于"黄箱"的农作物保险补贴的通报一直游走在规则的灰色地带,存在蓄意隐瞒和错报的情况。但近两年由于各界对日益增长的美国农业保险补贴的关注增加,对美国不合理的保险补贴通报方式提出质疑和挑战[①],美国已经对2008年以来的农业保险补贴通报方式做了修订。在2017年之前提交的修订之前的原通报文件中,美国对保险补贴的通报方式变化大致分为三个阶段(表6-6)。

第一阶段,在1995—2007年的WTO国内支持通报中,把农作物保险计划的财政总支出作为"基于非特定产品支持"措施进行通报,但通报的计入AMS的补贴金额为当年给农民的总赔偿额超过农民自缴保费的部分,而非当年按照保费补贴比例计算的保费补贴金额。农作物保险计划总支出减去计入AMS的保费补贴,其余部分按照政府对农险公司的管理费用和经营损益补偿,以相关费用(Associated fees/levies)的形式从应计入AMS总额中抵扣掉了(详见表6-6注释a),不纳入AMS计算。这是极其不合理的。

表6-6　美国对特定农作物保险项目补贴的WTO通报方式(修订前版本)　单位:百万美元

保险补贴分类		保费补贴		对保险公司经营管理费用补贴和亏损补偿		通报的保险计划财政支出总额(保费补贴+相关费用)	说明
通报的"归箱"分类		计入非特定产品支持	计入特定产品支持	以相关费用抵扣a	按"绿箱"一般服务支持通报		
第一阶段	1996年	636.1	—	(856.7)	—	1492.8	通报的保费补贴金额为当年的总赔偿额超过农民自交保费的部分,而不是按照保费补贴比例计算的当年实际保费补贴额
	1997年	119.2	—	(872.1)	—	991.3	
	1998年	747.0	—	(928.6)	—	1675.6	
	1999年	1,514.1	—	(918.1)	—	2432.2	
	2000年	1,395.8	—	(1191.9)	—	2587.6	
	2001年	1,770.4	—	(1187.7)	—	2958.1	
	2002年	2889.0	—	(1174)	—	4063.0	
	2003年	1861.7	—	(1389)	—	3250.8	

---

① 比如巴西诉美国陆地棉补贴案,加拿大诉美国玉米补贴案,中国诉美国禽肉补贴案(主要是认为美国对玉米大豆的补贴降低了家禽谷物饲料的价格进而对中国家禽产业造成损害),都对美国农业保险补贴提出了挑战。

保险补贴分类	保费补贴		对保险公司经营管理费用补贴和亏损补偿		通报的保险计划财政支出总额(保费补贴+相关费用)	说明
通报的"归箱"分类	计入非特定产品支持	计入特定产品支持	以相关费用抵扣a	按"绿箱"一般服务支持通报		
2004年	1123.0	—	(1710)	—	2833.0	
2005年	756.9	—	(1605)	—	2361.9	
2006年	1613.5	—	(1897)	—	3510.5	
2007年	801.0	—	(2739)	—	3540.0	
第二阶段 2008年	5690.9	—	0	4557c	—	保费补贴全额通报并全额计入
2009年	5426.0	—	0	2412c	—	
2010年	4711.8	—	0	3810c	—	
2011年	7460.7	—	0	1985c	—	
最近阶段 2012年	—	6972.9	0	1411c	—	
2013年	—	7290.4	0	4301c	—	

注释:a.比如2002年政府给农民保费补贴40.63亿美元,总赔付额70.52亿美元,总赔偿额超过农民自交保费总额的部分为28.89亿美元,则通报的计入AMS的保险补贴金额为29.89亿美元,而不是41亿美元,11.74亿美元(41-29)以相关费用的形式从保费补贴总额41亿美元中扣除了。详见1995—2007年美国农业国内支持WTO通报表DS9。b.包括两帮再保险公司度私营保险公司的管理费补贴和一定比例的亏损补偿两部分。

资料来源:根据美国向世贸组织提交的1995-2013年农业国内支持通报文件整理,通报文件从世贸组织农业委员会网站下载。

第二阶段,在2008—2011年的WTO国内支持通报中做了调整:(1)把"黄箱"保险的保费补贴仍作为"非基于特定产品支持"的"黄箱"措施进行通报的,但通报的补贴金额为当年政府给农民的保费补贴总额。(2)把政府对农险代理公司的管理费用补贴和经营补偿作为"绿箱"措施进行了通报。

第三阶段,2012—2013年(目前只通报到2013年),进一步调整,把"黄箱"保险中所有分品种计算的保费补贴按照"基于特定产品支持"进行全额通报。把不分品种计算的农场毛收入保险的保费补贴按"非基于特定产品支持"的"黄箱"进行全额通报。政府对农险代理公司的管理费用补贴和损益补偿仍作为"绿箱"措施进行通报。

2017年1—2月,美国陆续提交了2008—2013年DS1通报的最新修订版本

（见表6-1通报文件索引）。其中主要是对农作物保险补贴的通报方式进行了修订。在修订后的通报中,把特定农作物保险的保费补贴全部按照"基于特定产品支持"进行通报了(表6-7),且金额准确。但2008年以前的通报目前还没有修订。

表6-7　美国对特定农作物保险项目补贴通报的修订(最新修订版本)　　单位:百万美元

保险补贴方式	农民保费补贴a		对保险公司经营管理费用补贴和亏损补偿		再保险支持	计入"黄箱"支持量的金额
通报的"归箱"分类	计入非特定产品的金额	计入特定产品的金额	作为相关费用抵扣b	"绿箱"一般服务支持	未通报	
2008年	—	5683.6	0	4557 c	未通报	5690.9
2009年	—	5417.9	0	2412 c	未通报	5426
2010年	—	4701.3	0	3810 c	未通报	4711.8
2011年	—	7450.8	0	1985 c	未通报	7460.7
2012年	—	6972.9	0	1411 c	未通报	6972.9
2013年	—	7290.4	0	4301 c	未通报	7290.4

注释:a.只统计了针对特定产品的农业保险的保费补贴,全农场综合收入保险保费补贴没有统计,全农场综合收入保险不针对特定产品,且份额非常小,可忽略不计。b.比如2002年政府给农民保费补贴40.63亿美元,总赔付额70.52亿美元,总赔偿额超过农民自交保费总额的部分为28.89亿美元,则通报的计入AMS的保险补贴金额为29.89亿美元,而不是41亿美元,11.74亿美元(41-29)以相关费用的形式从保费补贴总额41亿美元中扣除了。详见1995—2007年美国农业国内支持WTO通报表DS9。c.包括两帮再保险公司度私营保险公司的管理费补贴和一定比例的亏损补偿两部分。

资料来源:根据美国向世贸组织提交的2008-2013年农业国内支持DS:1通报文件的最新修订版本整理,通报文件从世贸组织农业委员会网站下载。

6.2.3.2 美国农作物保险补贴规避WTO约束的策略

综合来看,美国在利用农作物保险补贴规避WTO约束方面有三大策略:

第一,不正确的通报方式,隐瞒了对特定产品的保费补贴。比如在修订前的通报中,美国把大量的特定产品"黄箱"保险补贴按照"绿箱"和"非特定产品支持"进行通报;并且在2008年以前通报的计入"黄箱"支持量的保险补贴金额是按照当年总赔偿额超过农民自缴保费的部分计算的。剩余部分算作对农险公司的管理费用和经营损益补偿,以相关费用的形式从应计入AMS的总额中抵扣掉了。比如2002年政府给生产者保费补贴40.63亿美元,总赔偿额超过生产者自交保费总额的部分为28.89亿美元,则通报的计入AMS的保险补贴金额为28.89亿美元,而不是40.63亿美元,11.74亿美元(40.63−28.89)以相关费用的形式从保费补贴总额40亿美元中扣除了,从而大大减少了当年应计的AMS水平,这显然不合理。正确的通报应该是把算作政府对农险代理公司的经营损益补偿那部分金额纳入"非基于特定产品支持"的AMS的计算,把对特定作物的保费补贴额或者净赔偿额纳入特定产品支持的AMS计算。

第二,通过对保险公司的间接补贴替代对直接保费补贴,转变了补贴的"归箱"属性。比如,把政府给保险公司的经营管理费用补贴和亏损补偿按照"绿箱"的一般服务支持项目进行通报。以2008年为例,通报在"绿箱"的对保险公司经营管理费用补贴和亏损补偿金额共45.5亿美元,相当于直接保费补贴56.8亿美元的80%。然而,政府给保险公司的经营管理费用补贴和亏损补偿是否符合"绿箱"条件,值得深入研究和讨论。联邦政府对农业保险公司提供管理费用补贴经营亏损补偿,相当于间接对生产者的保费补贴。因为,如果没有政府的管理费用补贴和经营补偿,保险公司要可持续经营就要求提高生产者保费费率为前提。所以,联邦政府给农业保险公司的管理费用补贴和经营补偿是政府借保险公司之名,实际补贴了农民(购买保险的人),降低了农民的成本。因为农民购买农作物保险来预防自然的和市场的风险,就和农民购买农药来预防虫害风险一样,购买农业保险的成本和购买农药的成本一样同属农业生产成本的组成部分。政府补贴指定的保险公司,然后让保险公司以更低的"价格"把保险产品卖给农民,就和政府补贴农药企业,然后让农药企业以低于自由市场的价格把农药卖给农民的性质是一样的。所以,从影响机理上讲,政府给保险公司的经营管理费用补贴和亏损补偿应该按"非基于特定产品支持"进行通报。

第三,通过再保险支持替代政府直接补贴,使农业支持更加隐蔽。美国农业部风险管理局(RMA)为联邦农业保险公司(再保险人)和指定的17家私营保险公司(原保险人)设计了复杂的标准再保险协议,构建起严密的再保险体系。政府为私营保险公司提供再保险资金支持用于购买国际资本市场的再保险,然而再保险赔付部分却不需要向WTO通报。这相当于政府借用保险公司之手间接补贴农业生产者,最终免于WTO规则约束。

6.3 本章小结

尽管基于美国通报数据的观测结果显示,美国向WTO通报的1995—2013年间每年的现行AMS总量(TAMS)没有超过《农业协定》规定的TAMS年度约束上限,但在美国提交的国内支持通报中存在不合规问题,主要包括:按照"绿箱"通报的生产灵活性合同补贴(PFCP)和固定直接补贴(FDP)并不完全符合"绿箱"标准和条件,按照"非特定产品支持"通报的反周期补贴(CCP)不完全和特定产品生产脱钩,农作物保险保费补贴的通报"归箱"错误且金额不足。美国规避WTO规则约束的主要策略包括:一是政策设计上名义脱钩实际挂钩;二是政策通报不严格遵守规则,把本应属于"黄箱"的措施归为"绿箱",本应属于基于特定产品支持的归为"非基于特定产品的支持",还少报、漏报、隐瞒实际金额等方式降低通报的AMS水平;三是通过对农业保险公司提供补贴和再保险支持规避了"黄箱"约束。

值得注意的是,美国利用农作物保险补贴规避WTO约束的三大策略中,除了第一种策略存在明显的违规外,后两种策略是违规还是合理规避约束很难评判。因为,在乌拉圭回合谈判时,农业保险补贴在各成员农业补贴政策体系中并不重要,谈判中对农作物保险补贴缺乏足够的关注,乌拉圭回合制定农业补贴规则时也没有想象到基于特定作物的收入保险的发展,以至于现行《农业协定》相关规则对农业保险补贴的约束性条款并不具体和明确,只是大致界定了"绿箱"保险的条件,并没有具体说明"黄箱"保险在"特定产品支持"和"非特定产品支持"之间如何区分,也很难判断政府对保险公司的管理费用补贴和经营补偿到底是否符合"绿箱"条件。这使得美国等发达国家在对农业保险补贴进行通报时纷纷以"绿箱"和"非基于特定产品支持"进行通报,缺乏透明度和规范性,以规避"黄箱"补贴上限约束。而在现行规则下,这种通报方式是违规还是利用规则漏洞合理规避约束,很难评判。这也是美国等发达成员自《农业协定》以后改革农业保险经营方式,大量增加农业保险补贴的一个重要原因。但随着世贸组织和部分成员对农业保险补贴重要性及其WTO通报的规范性的日益关注,农业保险补贴未来必然走向严格、透明和规范。

第7章 合规性分析(三):不合规通报修正后的TAMS测算与违规案例

由于美国不合规的通报,把本应纳入AMS计算的支持措施列入了"绿箱",或者把本应纳入特定产品AMS计算的支持措施列入了非基于特定产品的支持,从而一方面在通报表中隐藏了其TAMS可能超标的事实;另一方面,让那些纳入"绿箱"的特定产品补贴可以免于遭受其他成员按照《补贴与反补贴协定》对其起诉,因为其他成员对"绿箱"补贴只能提起"非违约之诉",其难度之大,使得起诉几乎不可能成功。所以本章要对通报中不合规或者有争议的措施进行"归箱"修正,并结合美国有关统计数据,重新计算TAMS水平,检查美国实际的TAMS水平是否超过规定的约束水平。为了保证对不合规通报措施"归箱"修正的合理性,本章根据对WTO规则解释的严格程度设计了三种可能合理的修正方案,并引用"巴西诉美国棉花补贴案"和"加拿大诉美国农业国内支持案"例证了本章在不合规通报措施修订方案设计和定量分析结果的可信度。

7.1 不合规通报的修正方案

根据第6章对主要措施通报问题的分析,如果严格按照《农业协定》规定,美国农业国内支持DS1通报应做如下修正:第一,1996—2002年通报在"绿箱"中的生产灵活性合同补贴(PFCP)和2002—2013年通报在"绿箱"中的固定直接补贴(FDP),按照最严格的态度修正,应调整到特定产品支持,纳入特定产品支持AMS计算,或者按照宽松的态度应调整到"非基于特定产品的支持",纳入非特定产品支持AMS计算;第二,2002—2013年通报在"非基于特定产品支持"措施中的反周期补贴(CCP)应调整为"基于特定产品的支持",纳入特定产品支持的AMS计算;第三,1996—2008年通报在非基于特定产品支持的农作物保险保费补贴应调整为基于特定产品的支持,纳入特定产品AMS计算,且金额应调整为全部保费补贴额;第四,政府对保险公司的管理费用补贴和经营补偿计入非特定产品支持,或者按照宽松的态度调整,把2008年以前按照相关费用扣掉的金额全部调整为和2008年以后的通报方式相同,即纳入"绿箱"进行通报。综合起来,包括三种修正方案(如表7-1所示),其中方案1最严格,方案2次之,方案3最宽松。

表7-1　不合规通报的三种修正方案:基于对WTO规则解释的严格程度

不合规通报的措施	美国不合规的通报(年份)	修正方案1	修正方案2	修正方案3
生产灵活性合同补贴	"绿箱"中的脱钩收入支持(1996—2001)	特定产品支持	非特定产品支持	非特定产品支持
固定直接补贴	"绿箱"中的脱钩收入支持(2002—2013)	特定产品支持	非特定产品支持	非特定产品支持
反周期补贴	非特定产品的支持(2002—2013)	特定产品支持	特定产品支持	特定产品支持
农作物保险保费补贴	非特定产品的支持(1995—2007)	特定产品支持	特定产品支持	特定产品支持
保险公司经营管理费用补贴和亏损补偿	1995—2007:作为费用从保费补贴中扣除;2008—2013:"绿箱"中的一般服务支持	非特定产品支持	非特定产品支持	"绿箱"中的一般服务支持

7.2 不合规通报修正后的TAMS测算

7.2.1 按照第一种修正方案测算

如果按照表7-1中第一种修正方案对美国不合规通报的措施进行通报修正,即把生产灵活性合同补贴、固定直接补贴、反周期补贴、农作物保险保费补贴全部调整为基于特定产品的支持,把对保险公司经营管理费用补贴和亏损补偿调整为非特定产品支持。修正后的非特定"黄箱"支持总量如表7-2所示。其中,在1996—2007各年度,修正后的特定产品支持总额=通报的特定产品的支持总额+通报在"绿箱"的PFCP和FDP补贴总额+通报在非特定产品的反周期补贴总额+应计入特定产品支持的保费补贴额。2008年以后,由于保费补贴已经按照特定产品支持通报了,所以2008—2013各年度修正后特定产品支持总额=通报的特定产品的支持总额+通报在"绿箱"的FDP补贴总额+通报在非特定产品的反周期补贴总额。1996—2013各年度修订后的非特定产品支持总额=已通报的非特定产品支持总额-反周期补贴额-通报的计入非特定产品支持的特定产品保费补贴金额+对保险公司经营管理费用补贴和亏损补偿总额。

表7-2　　　　按照方案1修正后的特定和非特定产品"黄箱"支持总量　　　单位:亿美元

年份	通报的特定产品的支持总额	通报的非特定产品支持总额	通报的"绿箱"的PF-CP和FDP补贴总额	通报在非特定的反周期补贴总额	通报的计入非特定产品的保费补贴金额	应计入非特定产品支持的保险公司经营管理费用补贴和亏损补偿	应计入特定产品支持的保费补贴额a	修正后特定产品支持总额	修订后非特定产品支持总额b
1996	59.4	11.1	51.9	0.0	6.4	8.6	9.8	114.7	13.4
1997	64.7	5.7	62.9	0.0	1.2	8.7	9.0	135.4	13.2
1998	105.5	45.8	56.6	0.0	7.5	9.3	9.5	164.1	47.7
1999	168.9	74.1	54.7	0.0	15.1	9.2	9.5	218.0	68.1
2000	169.1	72.8	50.7	0.0	14.0	11.9	9.5	215.3	70.7
2001	147.1	68.3	41.0	0.0	17.7	11.9	17.7	188.1	62.5
2002	112.3	51.0	53.0	18.0	28.9	11.7	17.4	171.8	15.8
2003	73.9	28.0	64.9	5.4	18.6	13.9	20.4	146.0	17.8
2004	123.1	57.8	52.7	42.9	11.2	17.1	24.7	232.2	20.8
2005	130.6	58.6	61.6	47.5	7.6	16.1	23.3	255.4	19.6
2006	79.1	34.3	61.5	14.9	16.1	19.0	26.7	166.1	22.3
2007	65.0	20.2	61.3	8.9	8.0	27.4	38.2	165.4	30.7
2008	120.6	35.8	57.8	12.2	—	45.6	b	190.5	69.2
2009	109.5	12.5	61.8	2.2	—	24.1	b	173.5	34.4
2010	92.3	8.8	58.5	0.2	—	38.1	b	151.0	46.8
2011	126.2	17.8	57.0	0.0	—	19.9	b	183.1	37.7
2012	144.4	3.1	47.9	0.0	—	14.1	b	192.3	17.2
2013	140.0	2.7	58.0	0.0	—	43.0	b	197.9	45.7

注:①实际的特定产品保费补贴金额根据美国农业风险管理局农业保险统计数据整理,统计数据可从RMA网站下载:http://www.rma.usda.gov/data/sob.html;②2008年以后特定作物保险保费补贴已经按照特定产品支持进行通报了,且金额准确;③表中0.0表示金额很小,但大于0。

资料来源:根据美国向世贸组织提交的1995—2013年农业国内支持通报文件整理,通报文件从世贸组织农业委员会网站下载。

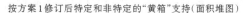

按方案1修订后特定和非特定的"黄箱"支持(面积堆图)

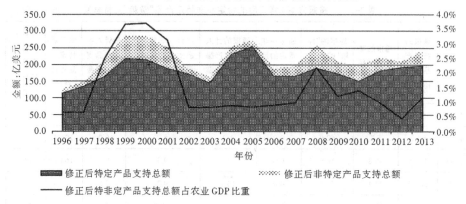

图7-1　按照方案1修正后的特定与非特定"黄箱"支持水平

注:农业总产值(农业GDP)数据是用各年度WTO通报中的数据。

按照方案1修正后的"黄箱"支持总量,在1999—2000年、2004—2005年各年都超过250亿美元。其中修订后非特定产品的支持总额均不超过农业总产值的5%,在微量允许之内。而特定产品支持总额大幅增加,在1999—2000年、2004—2005年各年按照方案1修正后的特定产品支持总额均超过200亿美元,计入特定产品支持的AMS必然增加。所以,在上述年份的真实TAMS可能超过TAMS约束水平,下面将根据方案1的修正,把生产灵活性合同补贴、固定直接补贴、反周期补贴、农作物保险保费补贴分别分配到补贴的每一种特定农产品上,对特定产品的AMS重新计算。其中,特定产品的农作物保险保费补贴金额,美国农业部网站有详细分作物的农业保险统计数据可查[①]。已经通报的特定产品支持加上保费补贴之后,重新计算的特定产品AMS如表7-3所示。

表7-3　已经通报的特定产品AMS加上保费补贴后的特定产品AMS　　单位:百万美元

产品	已经通报的特定产品AMS (超过微量允许情况下的特定产品支持量)					已通报的特定产品支持加上保费 补贴后的特定产品AMS				
	1998年	1999年	2000年	2004年	2005年	1998年	1999年	2000年	2004年	2005年
大麦	84.3	39.7	69.8	83.0	46.2	94.1	46.8	76.9	102.4	63.6
油菜籽	8.3	39.1	82.3	—	13.5	11.5	43.2	86.8	15.1	24.0
玉米	1533.5	2554.2	2787.1	3059.4	4490.0	1767.0	2753.9	2981.3	3852.4	5202.8

[①] 网址:http://www.rma.usda.gov/data/sob.html.

产品	已经通报的特定产品AMS（超过微量允许情况下的特定产品支持量）					已通报的特定产品支持加上保费补贴后的特定产品AMS				
	1998年	1999年	2000年	2004年	2005年	1998年	1999年	2000年	2004年	2005年
棉花	934.7	2353.1	1049.8	2238.4	1620.7	1085.3	2522.8	1211.4	2492.5	1828.4
牛奶（及制品）	4560.4	4560.4	4660.2	4736.8	4662.6	4560.4	4560.4	4660.2	4736.8	4662.6
干豆	—	—	—	32.1	37.4	—	—	—	32.1	37.4
燕麦	19.8	30.5	44.7	—	—	22.2	32.4	46.4	—	—
花生	339.7	349.1	437.7	—	89.2	357.1	366.4	455.6	51.4	114.1
大米	20.8	435.0	624.4	130.8	132.5	357.1	449.0	633.5	145.0	146.5
高粱	62.8	153.8	85.1	129.7	139.8	88.1	174.8	104.6	184.7	180.1
大豆	1275.3	2856.1	3614.3	—	—	1425.1	3002.8	3769.0	1040.2	—
糖	1055.5	1207.3	1177.5	1281.9	1199.2	1230.6	1207.3	1177.5	1281.9	1199.2
向日葵	—	143.1	161.4	—	—	—	143.1	161.4	—	—
烟草	—	924.25	519.07	—	—	642.2	943.0	532.7	—	—
小麦	515.6	973.9	848.2	—	—	1096.3	968.4	416.0	365.6	
羊毛	—	8.7	33.1	7.4	6.6	—	8.7	33.1	7.4	6.6
其他	2.0	164.0	283.1	3.7	13.3	2.0	175.3	295.6	3.7	17.7
特定产品AMS合计	10412.7	16862.0	16843.0	11629.0	12943.0	11642.6	17526.2	17194.4	14361.6	13848.6

注：①Dry peas包含鹰嘴豆；②表中其他产品包括其他所有支持水平都超过产值5%（微量允许）的产品。

数据来源：作者根据通报数据和美国农业保险补贴统计数据计算整理。

1996—2000年实施的生产灵活性合同补贴，可以根据《1996年农业法案》第113条①规定的比例对小麦、玉米、高粱、大麦、燕麦、陆地棉、大米特定产品补贴额进行分配。由于1999—2000年生产灵活性补贴的所有产品的特定产品支持量在不算生产灵活性补贴的情况下已经超过微量允许，所以生产灵活性补贴总额分配到上述特定产品以后也将全部计入现行TAMS，所以也可不必分产品计算，直接将1999—2000年生产灵活性合同补贴年度总额全部计入TAMS。2004—2005

---

①该条规定，"1996—2002年，各年份生产灵活性合同补贴总预算分别为57亿美元、53.85亿美元、58亿美元、56.03亿美元、51.3亿美元、41.3亿美元、40.08亿美元；各种作物的固定分配比例为：小麦26.26%、玉米46.22%、高粱5.11%、大麦2.16%、燕麦0.15%、陆地棉11.63%、大米8.47%。"

年固定直接补贴和反周期补贴覆盖的品种包括小麦、玉米、高粱、大麦、燕麦、陆地棉、大米、大豆、油籽、花生。而这几个产品中除了燕麦(Oats)、大豆(Soybeans)外，在2004—2005年除了固定直接补贴和反周期补贴之外的特定产品支持(营销援助贷款、贷款差额补贴、保费补贴等)也已经超过微量允许，而燕麦在2004—2005年除固定直接补贴和反周期补贴之外的特定产品支持水平已经接近微量允许上限。所以固定直接补贴和反周期补贴总额分配到上述特定产品以后也将全部计入现行TAMS。按照方案1修正后的真实TAMS在1999—2000年、2004—2005年各年都大大超过了TAMS年度约束水平(如表7-4所示)。

表7-4　按照方案1修正后的实际TAMS水平测算结果　　　　单位：亿美元

年份	1998	1999	2000	2004	2005
A通报的特定产品支持加上保费补贴后的特定产品AMS合计	116.43	175.26	171.94	143.62	138.49
B生产灵活性补贴	56.6	54.70	50.70	—	—
C固定直接补贴	—	—	—	52.70	61.60
D反周期补贴	—	—	—	42.90	47.50
E修正后的特定产品AMS合计(A+B+C+D)	173.03	229.96	222.64	239.22	247.59
F修正后的非特定产品AMS	0.0	0	0	0	0
修正后真实的TAMS(E+F)	173.03	229.96	222.64	239.22	247.59
TAMS削减承诺的年度约束水平	206.96	198.993	191.033	191.033	191.033

注：①修正后的非特定产品支持总额不超过农业总产值的5%，为微量允许，故修正后的非特定产品支持的AMS为0；②表中0.0表示金额很小，但大于0。

7.2.2 按照第二种修正方案测算

如果按照表7-1中第二种修正方案对美国不合规通报的措施进行通报修正，即把反周期补贴、1996—2007年的农作物保险保费补贴调整为基于特定产品的支持，把生产灵活性合同补贴、固定直接补贴、对保险公司经营管理费用补贴和亏损补偿调整为非基于特定产品支持。修正后的特定与非特定"黄箱"支持总量如表7-5所示。其中，在1996—2007各年度，修正后的特定产品支持总额=通报的特定产品的支持总额+反周期补贴总额+农作物保险保费补贴总额；2008年以后，保费补贴已经按照特定产品支持通报了，所以2008—2013各年度修正后特定产品支持总额=通报的特定产品的支持总额+反周期补贴总额。1996—2013各年度,修订后的非特定产品支持总额=通报的非特定产品支持总额+通报在"绿箱"的PFCP和FDP补贴额-反周期补贴额-通报的计入非特定产品支持的特定产品保费补贴金额+对保险公司经营管理费用补贴和亏损补偿总额。

表7-5 按照方案2修正后的特定和非特定"黄箱"支持总量　　　　　单位:亿美元

年份	通报的特定产品的支持总额	通报的非特定产品支持总额	通报的"绿箱"的PF-CP和FDP补贴总额	通报在非特定的反周期补贴总额	通报的计入非特定产品支持的保费补贴金额	应计入非特定产品支持的保险公司经营管理费用补贴和亏损补偿	应计入特定产品支持的保费补贴额 a	修正后特定产品支持总额	修订后非特定产品支持总额 b
1996	59.4	11.1	51.9	0.0	6.4	8.6	9.8	69.22	65.20
1997	64.7	5.7	62.9	0.0	1.2	8.7	9.0	73.73	76.10
1998	105.5	45.8	56.6	0.0	7.5	9.3	9.5	114.96	104.20
1999	168.9	74.1	54.7	0.0	15.1	9.2	9.5	178.45	122.90
2000	169.1	72.8	50.7	0.0	14.0	11.9	9.5	178.61	121.40
2001	147.1	68.3	41.0	0.0	17.7	11.9	17.7	164.78	103.50
2002	112.3	51.0	53.0	18.0	28.9	11.7	17.4	147.66	68.80
2003	73.9	28.0	64.9	5.4	18.6	13.9	20.4	99.65	82.80
2004	123.1	57.8	52.7	42.9	11.2	17.1	24.7	190.66	73.50
2005	130.6	58.6	61.6	47.5	7.6	16.1	23.3	201.41	81.20
2006	79.1	34.3	61.5	14.9	16.1	19.0	26.7	120.74	83.80
2007	65.0	20.2	61.3	8.9	8.0	27.4	38.2	112.06	92.00
2008	120.6	35.8	57.8	12.2	—	45.6	b	190.50	127.00
2009	109.5	12.5	61.8	2.2	—	24.1	b	173.50	96.00
2010	92.3	8.8	58.5	0.2	—	38.1	b	151.00	105.20
2011	126.2	17.8	57.0	0.0	—	19.9	b	183.10	94.70
2012	144.4	3.1	47.9	0.0	—	14.1	b	192.30	65.10
2013	140.0	2.7	58.0	0.0	—	43.0	b	197.90	103.70

　　注:①实际的特定产品保费补贴金额根据美国农业风险管理局农业保险统计数据整理,统计数据可从RMA网站下载:http://www.rma.usda.gov/data/sob.html;②2008年以后特定作物保险保费补贴已经按照特定产品支持进行通报了,且金额准确;③ 表中下划线修订后非特定产品支持总额金额为超过当年农业总产值的5%(超过微量允许)。

　　资料来源:根据美国向世贸组织提交的1995—2013年农业国内支持通报文件整理,通报文件从世贸组织农业委员会网站下载。

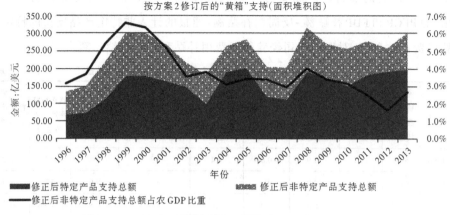

图7-2　按照方案2修正后的"黄箱"支持水平

注:其中农业总产值(农业GDP)数据是各年度通报中的数据。

按照方案2修正后,在1998—2001各年的修正后非特定产品"黄箱"支持总额超过当年农业总产值的5%(见图7-2),将被记入现行TAMS。修订后特定产品AMS即为把保费补贴和反周期补贴纳入特定产品支持重新计算的特定产品AMS。这和方案1中把保费补贴和反周期补贴纳入特定产品支持重新计算得出的特定产品AMS相同。所以,按照方案2修正后实际现行TAMS在1998—2001年将远远超过TAMS削减承诺的年度约束水平(见表7-6)。

表7-6　按照方案2修正后的实际TAMS水平测算结果　　　　　　　单位:亿美元

年份	1998	1999	2000	2001	2004	2005
A 通报的特定产品支持加上保费补贴后的特定产品 AMS 合计	116.43	175.26	171.94	144.82	143.62	138.49
B 反周期补贴	—	—	—	—	42.90	47.50
C 修正后的特定产品 AMS 合计(A+B)	116.43	175.26	171.94	144.82	186.52	185.99
D 修正后的非特定产品 AMS	104.20	122.90	121.40	103.50	0	0
修正后真实的 TAMS(C+D)	220.63	298.16	293.34	248.32	186.52	185.99
TAMS 削减承诺的年度约束水平	198.99	198.99	191.03	191.03	191.03	191.03

7.2.3　按照第三种修正方案测算

如果按照表7-1中修正方案3对美国不合规通报的措施进行通报修正,与修正方案2相比,修正方案3修正后的特定产品 AMS 和修正方案2的相同,按照方案3修正后的非特定产品"黄箱"支持总额不包括对保险公司经营管理费用补贴和亏损补偿。按照修正方案3修正后的非特定产品"黄箱"支持水平在1999年、2000年超过农业总产值的5%(图7-3),要计入当年现行TAMS总额。据此计算的1999年、2000年各年度的TAMS依然是超过了TAMS削减承诺的年度约束水平(见表7-7)。

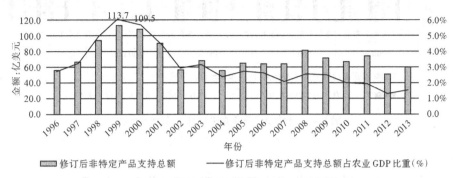

图7-3 按方案3修正后的非特定产品"黄箱"支持水平

表7-7 按照方案3修正后的实际TAMS水平测算结果 单位:亿美元

年份	1998	1999	2000	2004	2005
A通报的特定产品支持加上保费补贴后的特定产品AMS合计	116.43	175.26	171.94	143.62	138.49
B反周期补贴	—	—	—	42.90	47.50
C修正后的特定产品AMS合计(A+B)	116.43	175.26	171.94	186.52	185.99
D修正后的非特定产品AMS	94.90	113.70	109.50	0.00	0.00
修正后真实的TAMS(C+D)	211.33	288.96	281.44	186.52	185.99
TAMS削减承诺的年度约束水平	206.96	198.99	191.03	191.03	191.03

7.2.4 三种修正方案测算结果小结

综合上述三种修正方案对美国农业国内支持通报中不合规通报的措施和金额进行修正后的实际TAMS测算结果显示(图7-4),无论是按照严格的"归箱"修正方案,还是相对宽松的"归箱"修正方案,对美国不合规通报的措施和金额进行修正后重新计算的TAMS显示,美国在1999年、2000年的"黄箱"综合支持总量(TAMS)已经超过了《农业协定》规定年度约束上限,如果按照严格的"归箱"分类方法1998—2000年、2005年的TAMS都出现超过TAMS年度约束水平的情形,2004年也非常接近约束水平。

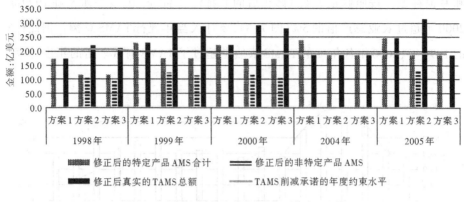

图7-4 三种修正方案下真实TAMS测算结果比较

7.3 美国农业国内支持违反WTO规则的例证

由于美国农业国内支持不完全与WTO规则约束相一致,因此在WTO争端解决机制中,美国农业国内支持多次受到其他成员的投诉。其中,2002年巴西诉美国棉花补贴案,以及2007年加拿大诉美国农业国内支持案,是涉及美国农业国内支持的最具影响的两个案例。这两个案例印证了前节的分析结果。

7.3.1 巴西诉美国棉花补贴案

2002年9月27口,巴西就美国对棉花补贴政策诉诸WTO争端解决机构,后来因巴西和美国磋商失败,2003年3月18口,应巴西的请求,WTO争端解决机构设立专家组,审查美国的棉花补贴及其相关立法与WTO规则的一致性。2004年6月18日专家组向巴西和美国散发了专家组报告,裁定美国棉花补贴违反了WTO规则,其中对美国美棉花国内支持不合规的认定有三个方面:一是美国对棉花生产者的生产灵活性合同补贴和固定直接补贴不符合《农业协定》6.2条规定的"绿箱"标准,应列入"黄箱",不属于免予起诉的措施;二是棉花国内补贴,包括营销贷款支付、市场损失援助补贴、作物保险支付和反周期支付、生产灵活性合同补贴、固定直接支付,年度支持总额超过了1992年销售年度的水平,不符合"和平条款"的豁免条件,允许巴西采取适当反补贴措施予以反制;三是与价格挂钩的补贴项目,包括营销援助贷款补贴、市场损失援助补贴、反周期补贴,造成了世界棉花价格大幅度抑制,严重损害了巴西棉农的利益。就具体国内支持措施而言,专家组的裁定意见如表7-8所示。

表7-8 美国农业国内补贴措施及专家组裁定一览表

国内支持措施	美国通报的"归箱"	专家组定性	专家组建议
营销援助贷款补贴	"黄箱"-特定	"黄箱"(可诉)	取消(因其造成严重损害)
市场损失援助补贴	"黄箱"-特定	"黄箱"(可诉)	取消(因其造成严重损害)
反周期补贴	"黄箱"-非特定	"黄箱"(可诉)	取消(因其造成严重损害)
生产灵活性补贴	"绿箱"	"黄箱"(可诉)	应列入"黄箱"
固定直接补贴	"绿箱"	"黄箱"(可诉)	应列入"黄箱"

注:市场损失援助补贴是1998—2001年针对农产品价格大幅下跌实施的一种差价补贴,反周期补贴是《2002年农业法案》制定的基于历史基期产量发放的目标价格差额补贴;生产灵活性补贴是《1996年农业法案》下实施的所谓的脱钩补贴;《2002年农业法案》把生产灵活性补贴改名为固定直接补贴。详细介绍参见本文第四章。

资料来源:参见.United States-Subsidies on Upland Cotton, Report of the Panel, WT/DS267/R, para 7, p. 1377., 2004年6月。

虽然美国对专家组的裁定提出上诉,认为美国实施的脱钩补贴(生产灵活性补贴和固定直接补贴)属于"绿箱"措施,在不计算脱钩补贴的情况下,美国棉花补贴并没有超过1992年销售年度的支持水平,认为专家组做出严重损害的结论推理不恰当。但上诉机构最终还是采纳了专家组的裁定结论。美国政府当时表示将遵循该案裁决,但是没有确定完全履行的具体日期。美国《2008年农业法案》并没有对上述有争议的农业国内支持措施做出实质性的调整。

7.3.2 加拿大和巴西诉美国农业国内支持案

2007年1月加拿大起诉美国农业国内支持违反WTO规则并对加拿大玉米生产者造成严重损害,2007年7月就美国农业国内支持超过WTO约束上限问题提出新的起诉。在这两起起诉美国农业补贴的案件中,加拿大和巴西对美国农业国内支持违反WTO规则的申诉具体包括两个方面:一是指控美国自2001年直到巴西提出起诉为止,美国没有向WTO通报其农业国内补贴项目的报告,但从美国公开的信息可以估计其TAMS已经超出了其年度约束水平。2007年10月美国向WTO提交了2002—2005年的国内支持通报,且从通报数据看,虽然其TAMS没有超过191.03亿美元的约束水平,但加拿大和巴西认为,有些支持数据没有通报,有的应纳入特定产品AMS的措施被通报为"绿箱"支持或者"非特定产品支持",存在争议具体措施主要包括固定直接补贴、反周期补贴、农作物保险补贴。如果把那些存在争议的措施纳入特定产品AMS,则美国在1999年、2000年、2001年、2004年、2005年的实际TAMS水平将超过年度限额水平,2006年的TAMS也接近限额水平,这和本章定量分析的结果是一致的,印证了本章定量分析结论的可靠性。但美国始终坚持其固定直接补贴为"绿箱"措施,反周期补贴为非特定,《2008年农业法案》也没有对这两项措施进行实质性调整,这使得WTO规则的有效性和权威性在执行过程中大打折扣。

7.4 本章小结

由于《农业协定》制定的"分箱而治"的纪律本身存在一定模糊性,各成员始终沿着规则的底线运行,对于规则中的一切漏洞和缺陷,一贯采取"用尽用足"的态度,不仅如此,也为不诚实的成员利用"箱体"转换规避WTO对农业补贴的约束提供了可操作的空间。如果不加强成员国对农业国内支持政策"归箱"分类的合规性监督,则该纪律对农业国内支持的约束形同虚设,不诚实的国家可以通过虚假的通报逃避规则约束。巴西起诉美国棉花补贴案的胜利,是基于对世贸组织规则的缜密理解和应用,基于对美国有关政策的精确理解,基于对美国官方数据的及时掌握和运用;在这方面的强大研究,是最为关键的因素。在严格按照《农业协定》"归箱"规则对不合规通报修订后重新计算的TAMS,后发现在1999年、2000年、2004年、2005年的"黄箱"综合支持总量(TAMS)已经超过了《农业协定》规定年度约束上限,1998年、2001年也接近限额水平,这些问题曾经被巴西和加拿大用在WTO争端解决机制指控。美国虽然表面上表示要遵守WTO专家组的裁定,对农业补贴政策进行适应性调整,但通过本文第四章的分析可知,美国2008年对固定直接补贴、反周期补贴等存在争议的主要支持措施并没有进行调整,不合规的通报方式也一直没有改变。2008—2013年的TAMS的违约风险较小,主要原因是2008—2013年处在通胀周期,农产品价格总体较高,而补贴的目标价格和贷款率水平始终稳定在较低水平,大量和价格挂钩的补贴支出金额非常小,包括发周期补贴、营销援助贷款补贴没有被触发。近年来农产品价格进入长期下跌通道,一旦那些和价格挂钩的差额补贴被大量触发,美国的

TAMS水平将显著增加。由于"和平条款"于2004年已终止,在没有"和平条款"保护情况下,美国对特定产品的众多补贴都属于可诉补贴的范畴,中国可以对那些中国市场冲击较大的美国农产品,比如大豆、棉花、玉米、高粱等,充分利用《补贴与反补贴协定》开展反补贴调查,以应对美国对中国农业补贴措施的挑战。

第8章　合规性分析(四):新一轮农业国内支持削减方案下美国农业国内支持的合规性及其影响

　　多哈回合农业谈判自2001年启动以来,困难重重,经各成员国长期努力,在平衡各方利益的基础上,于2008年12月形成的《农业减让模式草案(第四稿)》(TN/AG/W4/Rev4),被认为是推动谈判达成协议的重要基础(朱满德、程国强,2011)。但美国一方面不愿对国内农业支持削减做出新的让步,另一方面在贸易谈判中要求其他成员给予最大的市场准入机会,最终使多哈谈判陷入僵局(毛易,2011;董银果、尚慧琴,2011)。因此美国农业国内支持削减问题被认为是多哈回合农业谈判陷入僵局的根源(朱满德、程国强,2011)。在各方努力下,2013年12月在巴厘岛举行的第九届部长级会议上达成了世贸组织成立18年以来的首份全球性贸易协议——《巴厘一揽子协议》,并推动多哈回合进入后巴厘谈判阶段。虽然在出口竞争和市场准入方面取得了较大进展,但是美国对扭曲贸易的国内支持总量(OTDS)的削减承诺、"蓝箱"标准和棉花补贴等国内支持问题仍是未来谈判的焦点问题。2013年巴厘部长会议后农业谈判如何进行的争论主要集中在两个方面,一是否坚持"一揽子"的方式收获全部农业谈判成果,二是谈判是否以2008年《农业减让模式草案(第四稿)》为基础。而美国不仅反对"一揽子"的方式收获全部农业谈判成果,而且反对以《农业减让模式草案(第四稿)》为唯一基础进行谈判,主张任何议题都可以打开重谈。美国政府在后巴厘谈判的立场受制于《2014年农业法案》对其农业国内支持政策的调整。美国谈判立场是否会有实质性改变,取决于其《2014年农业法案》对国内支持政策的调整是否能够从实质上给其减让承诺创造让步空间(雷蒙,2015)。为此,本章首先简要梳理多哈农业谈判拟定的《农业减让模式草案(第四稿)》中提出的对美国农业国内支持的削减目标,然后利用美国2002—2013年农业国内支持政策的历史数据模拟测算多哈谈判期间,美国《2002年农业法案》《2008年农业法案》实施的农业国内支持政策能否满足《农业减让模式草案(第四稿)》拟定的削减要求,再用《2014年农业法案》下的农业国内支持预估数据,模拟测算美国现行农业国内支持政策能否满足《农业减让模式草案(第四稿)》拟定的削减要求。据此判断美国农业国内支持政策对新一轮农业谈判和WTO农业国内支持规则改革的影响。

8.1 新一轮农业国内支持削减方案下美国的削减目标

多哈回合农业谈判进程中,关于农业国内支持议题达成较为一致的主要成果体现在 2008 年 12 月的《农业减让模式草案(第四稿)》(详见 WTO 网站)[①]。《农业减让模式草案(第四稿)》不仅要求削减"黄箱"微量允许水平(De Minimis)、综合支持量最终约束水平(Final Bound Total AMS),还要求削减扭曲贸易的国内支持总量(OTDS),并对特定农产品 AMS、"蓝箱"支持总量等进行封顶约束。

8.1.1 扭曲贸易的国内支持总量(OTDS)

按削减方案,发达国家要在 5 年内削减基期 OTDS 水平的 70%。美国 OTDS 完成削减后应保持在 144.6 亿美元以下,但美国提出同意将 OTDS 削减 70% 的前提是必须要求其他发展中国成员家必须保证市场准入条件的实质性改善,并且不同意凯恩斯集团、发展中成员提出的让美国必须将基期 OTDS 削减 75% 至 130 亿美元的要求(朱满德、程国强,2011)。

8.1.2 微量允许标准和 TAMS 约束水平

首先,美国特定产品"黄箱"微量允许标准削减的目标水平应为年度特定产品产值的 2.5%,非特定产品"黄箱"微量允许标准削减的目标水平为农业产值的 2.5%(WTO,2008)。按规定,在 2.5% 的微量允许标准下,美国要在实施期 5 年内将其 TAMS 约束上限从基期的 191.032 亿美元削减 60%,到 76.413 亿美元。

8.1.3 特定产品 AMS 封顶水平

特定产品 AMS 封顶。《农业减让模式草案(第四稿)》第 23 段–26 段规定了美国特定产品 AMS 封顶约束水平计算方法:一般情况下,美国某一项特定农产品 AMS 约束水平是其 1995—2004 年实际 AMS 水平的平均值[②](TN/AG/W/4/Rev.4 第

---

①WTO: Revised Draft Modalities for Agriculture, TN/AG/W/4/Rev.4, 6December ,2008. From:https://www. Wto.org/ english/tratop_e/agric_e/ag_work_e.htm.

② 对WTO其他发达成员,是1995—2000年该农产品实际AMS水平的平均值。

23段,下同)。但是,(1)如果基期(1995—2004年)该农产品的"黄箱"支持每年都低于其乌拉圭回合的特定农产品微量允许标准(产值的5%),但2004年以来曾经高出过乌拉圭回合的微量允许标准,则该特定农产品AMS约束水平为"模式草案"采纳时从WTO获得的最近2年①的实际AMS水平的平均值(第24段)。(2)如果基期(1995—2004年)及2004年以来该农产品的"黄箱"支持一直都低于其乌拉圭回合的特定农产品微量允许,则该特定农产品AMS约束水平为其基期1995—2004年的微量允许水平(第25段)。对某一项特定农产品而言,如果从WTO获得的最近2年实际AMS水平超过1995—2004年实际AMS水平平均值的1.3倍,就要求对该特定农产品AMS约束水平进行为期3年的等额削减;削减起点为该产品1995—2004年实际AMS水平平均值的1.3倍(第26段)。

8.1.4 棉花综合支持量削减方案

棉花综合支持总量(AMScotton)②要按照高于一般产品的削减公式削减。按规定,美国棉花AMS需削减82%,至1.5亿美元,棉花"蓝箱"补贴封顶在3.3~3.6亿美元。巴西要求美国取消或大幅削减其扭曲贸易的棉花国内支持,并主导20国集团(G20)、凯恩斯集团成员等给予棉花四国(C4)积极的支持。非洲集团、最不发达国家(LDC)以及大多数发展中成员从政治角度以及谈判策略考虑也都支持非洲产棉国要求美国大幅度削减棉花国内支持的主张。但美国明确表示不能接受削减棉花82%AMS的要求,强调棉花问题应在农业谈判总体框架下解决,美国能够进行的削减幅度取决于扭曲贸易的国内支持总量(OTDS)的削减结果。在2014年有关棉花问题的谈判和会议上,美国多次表示,棉花问题最终能够得到妥善解决,前提条件是包括棉花在内的市场准入有实质性进展。美国还将削减棉花补贴与中国棉花市场进一步开放挂钩。

8.1.5 "蓝箱"标准和纪律改革方案

《农业减让模式草案(第四稿)》对"蓝箱"政策赋予了更大的灵活性,把不与生产相关的补贴也纳入"蓝箱"政策范围,即所谓的"新蓝箱","新蓝箱"措施分为

---

① WTO成员的农业国内支持通报存在严重的时滞问题。如,截至2016年9月底,美国和巴西最新通报只到2013年,日本通报到2012年,印度仅通报到2011年。

② 棉花综合支持总量(AMScotton)即为基于棉花这种特定产品的"黄箱"补贴总量,无论其是否超过微量允许。

限产计划下的直接补贴和与产量脱钩的补贴两类①,成员在选定使用一种"蓝箱"支持后不得随意变更。"蓝箱"的附加纪律包括总量封顶和特定产品封顶。一般发达成员特定产品"蓝箱"支持量(PSAMS)封顶在1995—2000年各年度的平均水平上,但美国例外,其封顶水平等于1995—2004年各年度特定产品支持量占当年所有特定产品支持总量(PSAMS)比重的平均值与1995—2000年所有特定产品支持总量平均值的乘积。这是专门为美国特定产品"蓝箱"支持量按国内立法制定的反周期补贴上限做出的规定。而此规定遭到发展中成员的强烈反对,要求美国做出实质性削减,但美国以国内支持削减和市场准入机会平衡为由,拒绝让步。

美国之所以拒绝对上述问题让步,其根源在于作为谈判主导方和既得利益者,在做出关键性让步时,美国面对的国内政治压力和严重束缚(马述忠,2007)。农业法案是美国国内各种利益集团经过长期博弈,最终经众议院、参议院两院艰难协商后审议通过的,农业法案规定了未来5~10年美国农业支持政策的基本走向、具体措施和支持水平,两党都不愿得罪农业选民,即使不喜欢也都不愿意阻碍农业法案的通过。过去如此,未来也如此,未来美国能否改变立场,很大程度取决于美国《2014年农业法案》对国内支持政策的调整是否能够从实质上削减其OTDS、降低计入当期现行AMS总额(Current Total AMS Aggregate)和棉花补贴水平到《农业减让模式草案(第四稿)》要求的水平,以及新政策对新"蓝箱"规则如何取向。

8.2 新一轮农业国内支持削减方案下美国农业国内支持的合规性——基于历史数据的模拟

本节利用美国2002—2013年农业国内支持政策的历史数据(截至2017年2月3日更新的通报数据)模拟测算多哈谈判期间美国实施的农业国内支持能否满足《农业减让模式草案(第四稿)》拟定的削减要求。

8.2.1 扭曲贸易的国内支持总量削减:模拟结果及其影响

---

① 限产计划下的直接补贴为原"蓝箱"措施;与产量脱钩的补贴为新增的"蓝箱"措施;二者合在一起称为"新蓝箱"。

根据《农业减让模式草案（第四稿）》，美国扭曲贸易的国内支持总量（OTDS）约束水平，以1995—2000年为基期进行削减。WTO数据测算显示，美国OTDS削减的基数高达482.24亿美元（相当于同期农业总产值的24.8%）。在实施期5年内削减70%，累计削减337.57亿美元，其中实施期起即刻削减1/3（482.24亿美元×1/3＝159.14亿美元），剩余部分作5次均等削减，年均削减35.69亿美元，最终的约束水平要削减到144.67亿美元。具体如表8-1所示。

表8-1 美国OTDS的削减模拟

	削减前	起始点	第1年	第2年	第3年	第4年	第5年
OTDS削减（基期＝100%）	100%	66.6%	59.6%	52.2%	44.8%	37.4%	30%
OTDS约束水平（亿美元）	482.24	323.10	287.42	251.73	216.04	180.36	144.67

资料来源：根据美国WTO农业国内支持通报数据模拟。

实际的OTDS＝"黄箱"支持总额＋"蓝箱"支持总额。其中"黄箱"支持总额包括"黄箱"微量允许支持总额和"黄箱"AMS总额。本文第六章已经指出，美国按照脱钩收入补贴通报的PFCP和FDP并不完全符合"绿箱"标准和条件，所以本节在模拟测算2002—2013年实际OTDS时，考虑把美国按照"绿箱"通报的固定直接补贴措施（FDP）调整为"黄箱"措施（非特定产品支持），测算时同时考虑了把FDP纳入OTDS计算和不把FDP纳入OTDS计算两种情况（见表8-2）。总体来看，2002—2013年，美国OTDS水平整体呈现下降趋势。如果不考虑把固定直接补贴纳入OTDS计算，则《2008年农业法案》实施以后，美国实际的OTDS水平已经勉强可以降到完成削减的最终约束水平，但非常接近144.67亿美元的约束上限，违规的风险和压力仍然很大。如果把固定直补贴（FDP）调整为"黄箱"纳入OTDS计算，则美国2002—2013年实际OTDS远超过144.67亿美元的约束上限。换言之，美国《2002年农业法案》《2008年农业法案》实施的农业国内支持政策较难实现多哈谈判提出的OTDS削减目标（图8-1）。

表8-2 2002—2013年实际OTDS水平测算　　　　　　　　　单位：亿美元

年份	"黄箱"微量允许总额	"黄箱"AMS	"蓝箱"支持额	固定直接补贴（FDP）	实际OTDS（不含FDP）	实际OTDS（含FDP）	OTDS最终约束水平
2002	66.91	96.37	0.00	53.01	163.28	216.29	144.67
2003	32.37	69.50	0.00	64.88	101.87	166.75	144.67
2004	64.58	116.29	0.00	52.70	180.87	233.57	144.67

年份	"黄箱"微量允许总额	"黄箱"AMS	"蓝箱"支持额	固定直接补贴（FDP）	实际OTDS（不含FDP）	实际OTDS（含FDP）	OTDS最终约束水平
2005	59.80	129.43	0.00	61.64	189.23	250.87	144.67
2006	36.01	77.42	0.00	61.45	113.43	174.88	144.67
2007	22.60	62.60	0.00	61.30	85.20	146.50	144.67
2008	64.53	91.83	0.00	57.76	156.37	214.13	144.67
2009	56.54	65.48	0.00	61.75	122.02	183.77	144.67
2010	49.52	51.61	0.00	58.52	101.13	159.65	144.67
2011	73.31	70.67	0.00	56.98	143.98	200.96	144.67
2012	78.89	68.60	0.00	47.90	147.49	195.39	144.67
2013	73.76	68.92	0.00	57.95	142.68	200.63	144.67

注：表中"黄箱"微量允许总额、"黄箱"AMS、"蓝箱"支持额、固定直接补贴金额均为美国 WTO农业国内支持通报美的数据。实际OTDS（不含FDP）="黄箱"微量允许总额+"黄箱" AMS+"蓝箱"支持额；实际OTDS（含FDP）="黄箱"微量允许总额+"黄箱"AMS+"蓝箱"支持额+ 固定直接补贴额。

资料来源：根据美国WTO农业国内支持通报数据（截至2017年2月3日更新的通报数据） 计算。

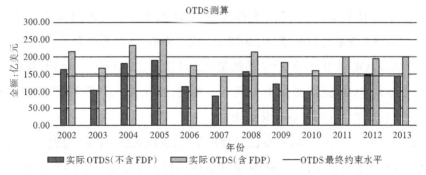

图8-1　实际OTDS水平与削减后的OTDS约束水平比较：2002—2013年

资料来源：根据美国WTO农业国内支持通报数据模拟。

8.2.2 2.5%微量允许标准下的TAMS削减:模拟结果及其影响

根据《农业减让模式草案(第四稿)》设定的农业国内支持削减方案[①],自实施期起微量允许标准从5%即刻降到2.5%。在2.5%的微量允许标准下,美国要在实施期5年内[②]将其TAMS约束上限从基期的191.032亿美元削减60%,到76.413亿美元。表8-3显示了按照削减方案美国TAMS削减的进程及其最终约束水平。

表8-3　美国微量允许标准与TAMS最终约束水平的削减模拟

		削减前	起始点	第1年	第2年	第3年	第4年	第5年
微量允许	非特定农产品	农业总产值的5%	农业总产值的2.5%					
	特定农产品	该产品产值的5%	该产品产值的2.5%					
TAMS 最终水平	基期=100%	100%	75%	68%	61%	54%	47%	40%
	亿美元	191.03	143.27	129.90	116.53	103.16	89.79	76.41

资料来源:WTO:Revised Draft Modalities for Agriculture,TN/AG/W/4/Rev.4,2008-12-6。

由于微量允许标准的降低,将使一部分原本落在微量允许范围的"黄箱"支持资金额被计入TAMS,进而引起TAMS增长(朱满德、李辛一等,2017)。比如2013年美国对大豆的"黄箱"支持金额为15.39亿美元,占当年大豆产值的3.53%。在5%微量允许标准下,2013年大豆"黄箱"支持为微量允许范围,所以2013年大豆AMS为0;但在2.5%的微量允许标准下,2013年大豆AMS为15.39亿美元,相应的TAMS就增加15.39亿美元。同理,非特定产品"黄箱"支持微量允许标准的降低对TAMS的影响也是如此。

需要说明的是,因为第六章已经分析指出,美国按照"绿箱"通报的固定直接补贴(FDP)并不完全符合"绿箱"标准和条件,按照"非特定产品支持"通报的反周期补贴(CCP)不完全和特定产品生产脱钩,农作物保险保费补贴的通报"归箱"错误且金额不足。所以在2.5%微量允许标准下对美国2002—2013年的TAMS进行模拟测算时,要考虑对通报数据进行调整。其中,在新国内支持规则下对

---

① 多哈农业谈判对扭曲贸易的国内支持削减采用分层削减公式(Tiered Reduction Formula)。它把发达成员按基期(1995—2000年)的实际AMS支持水平分为高层(欧盟)、中层(美国和日本)、底层(其他发达成员),每一层将按照规定的比例实行削减。发展中成员也需做出相应削减承诺。具体削减方案可参见WTO: Draft Modalities for Agriculture,TN/AG/W/4/Rev.4。

② 采取5年6次削减,自实施期起即刻削减25%,剩余部分进行5年等额削减。

FDP、CCP的"归箱"问题仍存在不确定性。能够确定的是,特定产品的保费补贴全部要调整为"基于特定产品的支持",美国最新更新的通报已经把2008年以来的特定作物保费补贴调整为基于特定产品的支持了,2008年以前的还没有更正而已。特定产品的保费补贴数据可根据美国农业部风险管理据统计数据查询。对2002—2007年的特定产品保费补贴调整后,表8-4在暂不考虑对固定直接补贴(FDP)反周期补贴(CCP)"归箱"调整的情况下,计算了2.5%微量允许标准下,2002—2013年的特定产品AMS、非特定产品AMS和TAMS(表8-4)。图8-2对削减前后的实际TAMS与TAMS最终约束水平进行了对比。

表8-4　保费补贴调整后2.5%微量允许标准下的特定产品AMS测算(不含FDP&CCP)　单位:亿美元

产品	2.5%微量允许标准下的特定产品AMS											
	2002年	2003年	2004年	2005年	2006年	2007年	2008年	2009年	2010年	2011年	2012年	2013年
大麦	0.19	0.25	1.02	0.64	0.25	0.23	0.45	0.51	—	0.41	0.54	0.51
油菜籽	0.09	0.17	0.15	0.24	—	—	0.28	0.17	0.27	0.40	0.43	0.46
玉米	6.98	8.53	38.52	52.03	8.90	17.57	21.55	21.68	17.75	29.48	27.19	30.21
棉花	13.84	6.52	24.93	18.28	16.49	4.07	13.84	3.68	4.01	8.94	6.36	5.74
牛奶	63.05	47.37	46.63	51.55	50.44	50.17	39.75	30.12	28.46	32.55	33.36	32.09
干豆角	—	—	—	—	—	0.27	0.36	0.39	0.47	0.28	0.58	0.41
干豌豆	0.23	0.32	0.49	0.61	0.55	—	0.13	0.19	0.20	0.16	0.19	0.23
绿豆	—	—	—	—	—	—	—	—	0.03	0.03	0.00	0.05
蜂蜜	—	—	—	—	—	—	—	—	—	—	0.15	0.18
牲畜	11.10	—	—	—	—	—	—	—	—	—	—	—
小米	—	—	—	—	—	—	0.04	0.03	0.03	0.04	0.03	0.10
燕麦	—	0.08	0.06	—	—	—	0.08	0.35	0.39	—	—	0.06
花生	0.84	0.38	0.51	1.14	0.37	0.26	0.50	0.30	—	0.00	0.65	0.37
大米	7.24	5.15	1.45	1.46	—	—	—	—	—	—	—	—
红花	0.03	—	—	—	—	—	—	0.02	0.02	0.01	0.02	0.02
羊肉	0.23	—	0.14	—	—	—	—	—	—	—	—	—
高粱	—	0.00	1.85	1.80	—	—	1.23	0.92	0.90	1.38	1.42	1.90
大豆	—	—	10.40	5.58	—	—	14.78	14.06	11.94	16.19	14.79	15.39
糖	13.51	12.77	13.10	12.27	6.50	12.65	11.70	12.77	12.95	14.47	14.54	14.45
向日葵	0.16	0.19	—	—	13.08	—	0.71	0.54	0.51	0.66	0.51	0.54
烟草	4.24	0.46	0.47	0.41	—	—	—	0.40	0.37	0.38	0.42	0.44
小麦	2.69	4.19	4.16	3.66	3.66	0.00	9.39	15.20	7.97	11.63	11.16	13.18

续表

产品	2.5% 微量允许标准下的特定产品 AMS											
	2002年	2003年	2004年	2005年	2006年	2007年	2008年	2009年	2010年	2011年	2012年	2013年
羊毛	0.08	0.07	0.07	0.07	0.07	0.07	0.05	0.08	0.06			
其他特定产品AMS小计	9.1	4.4	6.8	13.2	15.3	0.8	31.7	102.1	16.4	14.8	15.7	21.6
特定产品AMS合计	12457.7	8648.2	14402.9	14985.8	10047.9	8528.9	11506.2	10217.8	8645.5	11755.4	11250.5	11654.7
	2.5% 微量允许标准下的非特定产品 AMS											
保费补贴调整后非特定产品AMS	0	0	0	0	0	0	0	0	0	0	0	0
TAMS	12457.7	8648.2	14402.9	14985.8	10047.9	8528.9	11506.2	10217.8	8645.5	11755.4	11250.5	11654.7

注:表中其他特定产品AMS小计是除了表中列举出来产品之外的所有产品的AMS之和。
资料来源:根据美国WTO农业国内支持通报数据(截至2017年2月3日更新)模拟。

表8-4显示,在不对固定直接补贴(FDP)、反周期补贴(CCP)以及对保险公司补贴的不合规通报进行"归箱"调整的情况下模拟计算2002—2013年削减之后的实际TAMS,每年都远远超出削减后的最终约束水平(图8-2)。如果进一步考虑对固定直接补贴(FDP)、反周期补贴(CCP)和保险公司补贴的"归箱"进行调整,则还会对TAMS产生不同影响。基于对规则理解的严格程度,可能有四种调整方案(表8-5)。若按照宽松的态度来处理,FDP、CCP可能纳入新"蓝箱",险公司经营管理费用补贴仍按照"绿箱"通报,即按照表8-5中调整方案A进行"归箱"。这样调整对实际TAMS将不产生影响,结果和表8-4显示的相同。但如果严格的处理,FDP、CCP也应纳入特定产品AMS计算,然而FDP和CCP单个政策看是符合新"蓝箱"条件,但是美国对同一种农产品同时累加使用了多种支持措施,其中包括诸如营销援助贷款、保费补贴等"黄箱"措施,所以严格的讲,FDP和CCP不能按新"蓝箱""归箱"。至少要将FDP纳入非特定产品AMS的计算。其中的道理在本文第6章和第7章已经阐明。根据表8-5列举的对主要措施可能的"归箱"调整,分别计算各种方案下削减前后的TAMS(如图8-3至图8-5所示)。

结果显示,无论采取哪种"归箱"方式,如果美国在多哈谈判接受《农业减让模式草案(第四稿)》的削减方案,则美国《2002年农业法案》和《2008年农业法案》下实施的农业国内支持政策都必然突破TAMS最终约束水平,这是美国拒绝对多哈谈判方案妥协的根源。

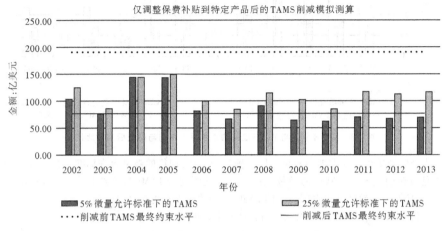

图8-2 实际TAMS与TAMS最终约束水平削减前与削减后的对比(A)

注:5%微量允许标准即为乌拉圭回合确定的,也是现行的微量允许标准。2.5%微量允许标准是按照削减方案削减后的微量允许标准。美国现行TAMS最终约束水平为191.03亿美元,如果按照新一轮削减方案削减后的TAMS最终约束水平为76.41亿美元。

资料来源:根据美国WTO农业国内支持通报数据模拟。

表8-5 《农业减让模式草案(第四稿)》下主要措施的"归箱"调整:基于对规则解释的严格程度

不合规通报的措施	美国不合规的通报(年份)	调整方案A	调整方案B	调整方案C	调整方案D
固定直接补贴	"绿箱"中的脱钩收入支持(2002—2013)	新"蓝箱"或"绿箱"	非特定产品支持	非特定产品支持	特定产品支持
反周期补贴	非特定产品的支持(2002—2013)	新"蓝箱"	特定产品支持	特定产品支持	特定产品支持
保险公司经营管理费用补贴和亏损补偿	2002—2007:作为费用从保费补贴中扣除;2008—2013:"绿箱"中的一般服务支持	"绿箱"中的一般服务支持	"绿箱"中的一般服务支持	非特定产品支持	非特定产品支持

注:虽然FDP和CCP单个政策看是符合新"蓝箱"条件,但是美国对同一种农产品同时累加使用了多种支持措施,其中包括诸如营销援助贷款、保费补贴等"黄箱"措施,所以严格地讲,FDP和CCP不能按新"蓝箱""归箱"。正因为美国实施的这些国内支持措施在"归箱"分类上可能存在争议,所以根据对规则解释的严格程度不同,可能出现表中不同"归箱"方案。

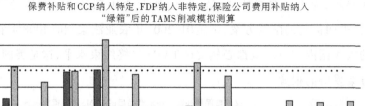

图8-3　实际TAMS与TAMS最终约束水平削减前与削减后的对比(B)

注:5%微量允许标准即为乌拉圭回合确定的,也是现行的微量允许标准。2.5%微量允许标准是按照削减方案削减后的微量允许标准。美国现行TAMS最终约束水平为191.03亿美元,如果按照新一轮削减方案削减后的TAMS最终约束水平为76.41亿美元。

资料来源:根据美国WTO农业国内支持通报数据模拟。

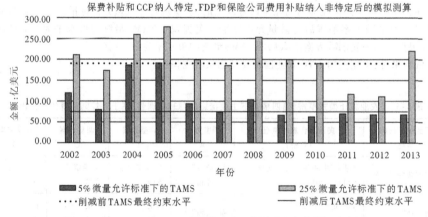

图8-4　实际TAMS与TAMS最终约束水平削减前与削减后的对比(C)

注:5%微量允许标准即为乌拉圭回合确定的,也是现行的微量允许标准。2.5%微量允许标准是按照削减方案削减后的微量允许标准。美国现行TAMS最终约束水平为191.03亿美元,如果按照新一轮削减方案削减后的TAMS最终约束水平为76.41亿美元。

资料来源:根据美国WTO农业国内支持通报数据模拟。

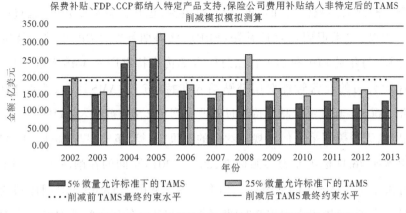

图8-5　实际TAMS与TAMS最终约束水平削减前与削减后的对比（D）

注：5%微量允许标准即为乌拉圭回合确定的，也是现行的微量允许标准。2.5%微量允许标准是按照削减方案削减后的微量允许标准。美国现行TAMS最终约束水平为191.03亿美元，如果按照新一轮削减方案削减后的TAMS最终约束水平为76.41亿美元。

资料来源：根据美国WTO农业国内支持通报数据模拟。

具体而言，按照"归箱"调整方案B，把反周期补贴（CCP）从原来通报的非特定产品支持调整为纳入特定产品AMS计算，把固定直接补贴从通报的"绿箱"支持调整为纳入非特定产品支持，对保险公司的经营管理费用补贴"归箱"方式不做调整（原本通报为"绿箱"）；虽然在现行规则约束下，美国2006年以后没有任何违规风险，但是如果接受多哈谈判《农业减让模式草案（第四稿）》的削减方案，一方面CCP构成在2.5%微量允许标准下特定产品AMS的增量，另一方面2002年、2003年、2005年、2008年、2009年非特定产品支持超过农业总产值的2.5%，将从原来的微量允许（低于农业总产值的5%）变为AMS（超过2.5%），导致TAMS远超过削减后的最终约束水平（图8-3）。

按照"归箱"调整方案C，在方案B的基础上把对保险公司的经营管理费用补贴也纳入非特定产品AMS计算，这样调整之后，特定产品AMS和方案B的模拟结果相同，但非特定产品AMS进一步增加，最终导致TAMS进一步增加（图8-4）。

根据"归箱"调整方案D，把固定直接补贴（FDP）、反周期补贴（CCP）都纳入特定产品AMS计算，把对保险公司的经营管理费用补贴纳入非特定产品AMS计算。由于表8-4的结果显示，在不把固定直接补贴（FDP）、反周期补贴（CCP）纳入特定产品AMS计算的情况下，且各年度固定直接补贴（FDP）反周期补贴（CCP）

补贴覆盖的绝大多数作物[1]的"黄箱"支持金额(包含保费补贴)已经超过产值的2.5%。所以,如果把固定直接补贴(FDP)、反周期补贴(CCP)也纳入特定产品AMS计算,每年的FDP和CCP补贴总额全部构成特定产品AMS增量,同时由于把对保险公司的经营管理费用补贴纳入非特定产品AMS计算,使得2004年、2005年、2008年非特定产品支持超过农业总产值2.5%,被计入TAMS。

显然,无论美国采取何种规避约束的通报"归箱"策略,以削减后的TAMS最终约束水平76.41亿美元为参照标准,2002—2013年间的在削减后的2.5%微量允许标准下的TAMS全部突破这一标准。尽管从图中TAMS的时间序列变化可以明显观察到,美国也在根据WTO相关规则和新一轮谈判需要对其国内农业政策进行适应性调整,TAMS总体呈下降趋势(图中TAMS变化已反映这一情况),即便如此,美国《2002年农业法案》以及《2008年农业法案》实施期间的实际TAMS,都出现了超过削减后的TAMS最终约束水平这一情景。即,从美国过去几部农业法案下的TAMS经验推演,如果美国政府接受了《农业减让模式草案(第四稿)》的国内支持削减方案,其"黄箱"支持就要突破"新"的TAMS最终约束水平,这事关美国今后是否违反WTO国内支持规则这一核心利益。所以美国总是寻找各种理由拒绝接受多哈谈判提出的新一轮农业国内支持削减方案。

8.2.3 特定产品AMS封顶:模拟结果及其影响

根据《农业减让模式草案(第四稿)》第23—26段规定的美国特定产品AMS封顶约束水平计算方法,表8-6以美国已经通报的最新数据(通报到2013年)为准计算展示了《农业减让模式草案(第四稿)》下美国的特定农产品AMS约束水平计算所适用的各段规则及其最终AMS约束水平。其中,棉花、乳品、菜籽、芝麻、高粱、糖、小麦的AMS约束水平进行削减。

表8-6 美国特定农产品AMS约束水平及其削减模拟 单位:百万美元

产品	适用段数	基期	实施期第1年	实施期第2年	实施期第3年	产品	适用段数	基期	实施期第1年	实施期第2年	实施期第3年
苹果	23	91.50	91.50	91.50	91.50	红花籽	23	0.68	0.68	0.68	0.68
杏	23	1.00	1.00	1.00	1.00	芝麻	23,26	0.07	0.07	0.06	0.05
大麦	23	27.68	27.68	27.68	27.68	向日葵	23	39.88	39.88	39.88	39.88
牛肉	25	1284.74	1284.74	1284.74	1284.74	马海呢	23	3.52	3.52	3.52	3.52

---

[1]包括大麦、玉米、棉花、干豆、燕麦、花生、大米、高粱、小麦。

产品	适用段数	基期	实施期第1年	实施期第2年	实施期第3年	产品	适用段数	基期	实施期第1年	实施期第2年	实施期第3年
蓝莓	25	0.89	0.89	0.89	0.89	燕麦	23	9.51	9.51	9.51	9.51
牛与牛腿	25	1354.88	1354.88	1354.88	1354.88	橄榄	25	2.41	2.41	2.41	2.41
鹰嘴豆	23	0.09	0.09	0.09	0.09	洋葱	25	35.86	35.86	35.86	35.86
玉米	23	1126.03	1126.03	1126.03	1126.03	果园	25	774.73	774.73	774.73	774.73
棉花	23,26	800.53	600.40	142.34	142.34	桃	25	24.56	24.56	24.56	24.56
梅和李	23	6.58	6.58	6.58	6.58	花生	23	251.65	251.65	251.65	251.65
乳制品	23,26	4827.98	4247.11	3736.12	3286.62	梨	25	13.05	13.05	13.05	13.05
干豆	23	15.39	15.39	15.39	15.39	山核桃	25	20.02	20.02	20.02	20.02
葡萄	25	130.46	130.46	130.46	130.46	马铃薯	25	138.61	138.61	138.61	138.61
猪肉	25	483.59	483.59	483.59	483.59	大米	23	316.77	316.77	316.77	316.77
蜂蜜	23	2.92	2.92	2.92	2.92	黑麦	25	1.35	1.35	1.35	1.35
小扁豆	23	0.79	0.79	0.79	0.79	羊与羊羔	23	8.94	8.94	8.94	8.94
家畜	25	1686.84	1686.84	1686.84	1686.84	高粱	23,26	56.09	51.40	47.09	43.15
荔枝	25	0.23	0.23	0.23	0.23	大豆	23	1136.84	1136.84	1136.84	1136.84
菜籽	23,26	19.85	18.19	16.66	15.27	糖	23,26	1435.02	1314.85	1204.75	1103.86
海甘蓝	23	0.56	0.56	0.56	0.56	烟草	23	144.33	144.33	144.33	144.33
亚麻	23	6.21	6.21	6.21	6.21	西红柿	25	93.72	93.72	93.72	93.72
芥菜籽	23	0.14	0.14	0.14	0.14	小麦	23,26	303.90	278.45	255.13	233.77
油菜籽	23	0.03	0.03	0.03	0.03	羊毛	23	10.19	10.19	10.19	10.19

注:"适用段数"是该农产品所适用 TN/AG/W/4/Rev.4 特定农产品 AMS 约束水平 21—26 段的削减条件;棉花 AMS 约束水平按棉花谈判的 AMS 削减方案削减。

资料来源:根据美国 WTO 农业国内支持通报数据模拟。

表8-7 2.5% 微量允许标准下特定农产品 AMS 约束水平与实际 AMS(含保费补贴)的对照 单位:亿美元

产品	AMS约束水平	2002年	2003年	2004年	2005年	2006年	2007年	2008年	2009年	2010年	2011年	2012年	2013年
大麦	0.28	—	—	1.02	0.64	—	—	0.45	0.51	—	0.41	0.54	0.51
油菜籽	0.01	0.09	0.17	0.15	0.24	—	—	0.28	0.17	0.27	0.40	0.43	0.46
玉米	11.26	—	—	38.52	52.03	—	17.57	21.55	21.68	17.75	29.48	27.19	30.21
棉花	1.5	13.8	6.52	24.93	18.28	16.49	4.07	13.84	3.68	4.01	8.94	6.36	5.74
乳品	32.87	63.05	47.37	46.63	51.55	50.44	50.17	39.75				33.36	
干豆	0.15						0.27	0.36	0.39	0.47	0.28	0.58	0.41
蜂蜜	0.03	—	—	—	—	—	—	—	—	—	—	—	0.18
燕麦	0.10										0.35	0.39	

续表

产品	AMS 约束水平	2002 年	2003 年	2004 年	2005 年	2006 年	2007 年	2008 年	2009 年	2010 年	2011 年	2012 年	2013 年
大米	3.17	7.24	5.15	—	—	—	—	—	—	—	—	—	—
红花籽	0.01	0.03	—	—	—	—	—	—	0.02	0.02	0.01	0.02	0.02
羊/羊羔	0.09	0.23	—	0.14	—	—	—	—	—	—	—	—	—
高粱	0.43	—	—	1.85	1.80	—	—	1.23	0.92	0.90	1.38	1.42	1.90
大豆	11.37	—	—	—	—	—	—	14.78	14.06	11.94	16.19	14.79	15.39
糖	11.04	13.51	12.77	13.10	12.27	—	12.65	11.70	12.7	12.95	14.47	14.54	14.45
向日葵	0.40	—	—	—	—	13.08	—	0.71	0.54	0.51	0.66	0.51	0.54
烟草	1.44	4.24	—	—	—	—	—	—	—	—	—	—	—
小麦	2.34	2.69	4.19	4.16	3.66	3.66	—	9.39	15.20	7.97	11.63	11.16	13.18

注：本表仅列出超出特定农产品 AMS 约束水平的主要产品以及各超出年份的实际 AMS 水平，还有部分产品因数量非常小没有列出。没有列出的产品中以各种油籽为主。

资料来源：根据美国 WTO 农业国内支持通报数据（截至 2017 年 2 月 3 日更新）模拟计算。

把 2002—2013 年间美国特定农产品实际 AMS（含保费补贴）与 AMS 约束水平比较后，表 8-6 列出了美国在 2002—2013 年间实际 AMS 曾经突破过特定农产品 AMS 约束水平的主要产品及其实际 AMS 水平。表 8-7 呈现出几个重要特征值得注意，一是 2008 年以后减少了对乳品、烟草等产品的 AMS 支持，增加了对油料籽、蜂蜜、大豆、向日葵等产品的 AMS 支持。二是美国对大麦、油菜籽（还包括其他没有列出的油料籽）、玉米、棉花、乳品、高粱、糖、小麦等大宗产品长期给予超高水平的 AMS 支持，其中大麦、玉米、棉花、高粱、大豆、小麦的 AMS 超过其 AMS 约束水平的幅度较大，以 2013 年为例，大麦实际 AMS 为其约束水平的 1.85 倍，油菜籽 AMS 是其约束水平的 67.4 倍，玉米的实际 AMS 水平是其 AMS 约束水平的 2.68 倍，棉花实际 AMS 是其约束水平的 4.03 倍，高粱实际 AMS 是其约束水平的 4.4 倍，大豆实际 AMS 是其约束水平的 1.35 倍，糖实际 AMS 是其约束水平的 1.31 倍，小麦实际 AMS 是其约束水平的 5.64 倍。这些情况表明，美国在有限的 TAMS 约束空间下，对主要大宗产品和油料作物产品给予了更多的支持。如果美国接受了《农业减让模式草案（第四稿）》的"黄箱"支持削减方案，棉花、糖、玉米、小麦等重要农产品的实际 AMS 将突破特定农产品 AMS 约束水平，进而违反"黄箱"支持"新"规则。

尤其是棉花AMS削减问题,棉花综合支持总量(AMScotton)[1]要按照高于一般产品的削减公式削减,按规定,美国棉花AMS需削减82%,至1.5亿美元。2002—2013年棉花实际AMS最低时是2009年的3.68亿美元,是其约束水平1.5亿美元的2.4倍,最高时在2005年达到18.28亿美元,是其约束水平的12.1倍。

8.2.4 "蓝箱"支持总量封顶:模拟结果及其影响

《农业减让模式草案(第四稿)》在"旧蓝箱"基础上增设了"新蓝箱"措施。WTO成员可选用"新蓝箱"或者"旧蓝箱",但不允许两种"蓝箱"混用。美国《2002年农业法案》制定的作物反周期补贴正是美国按照"新蓝箱"标准设计的"新蓝箱"政策措施。如果"新蓝箱"规则生效,反周期补贴可纳入"新蓝箱",免于纳入AMS进行削减。但是《农业减让模式草案(第四稿)》对"蓝箱"支持总量和特定农产品"蓝箱"支持水平分别实施"封顶"限制,美国"蓝箱"支持总量不得超过48.54亿美元[2],美国特定农产品"蓝箱"支持的约束水平以基期1995—2000年该作物平均产值的2.5%乘以110%(David Blandford et al,2008)。但棉花例外,棉花谈判对美国棉花的"新蓝箱"支持做出专门约束,以基期1995—2000年棉花平均产值的2.5%乘以110%再乘以1/3[3]。具体结果如表8-8。

表8-8　美国"蓝箱"支持总量约束与特定农产品"蓝箱"支持约束　　单位:亿美元

"蓝箱"支持总量约束水平	1995—2000年农业总产值的2.5%						
	48.5						
特定农产品"蓝箱"约束水平	《2002年农业法案》实施的反周期补贴支出						
	2002年	2003年	2004年	2005年	2006年	2007年	2002—2007年平均
大麦	0.32	0.33	0.33	0.54	0.54	0.53	0.53	0.47
玉米	23.60	29.02	29.04	34.03	33.87	33.75	33.75	32.24
棉花	3.36	14.06	13.74	13.89	13.67	13.61	13.61	13.77
燕麦	0.05	0.03	0.03	0.11	0.11	0.11	0.11	0.09
花生	1.50	2.03	2.00	2.01	2.01	2.00	2.00	2.01
大米	2.35	3.24	3.22	3.24	3.23	3.22	3.22	3.23
高粱	1.07	1.25	1.26	1.60	1.59	1.58	1.58	1.47

---

[1] 棉花综合支持总量(AMScotton)即为基于棉花这种特定产品的"黄箱"补贴总量,无论其是否超过微量允许。

[2] 不超过基期1995—2000年平均农业总产值(1941.39亿美元)的2.5%。

[3] 棉花作为多哈农业谈判议题之一,要求对棉花补贴作专门削减和约束。

续表

"蓝箱"支持总量约束水平	1995—2000 年农业总产值的2.5%						
	48.5						
特定农产品"蓝箱"约束水平	《2002年农业法案》实施的反周期补贴支出						
	2002 年	2003 年	2004 年	2005 年	2006 年	2007 年	2002—2007年平均
大豆	4.00	5.58	5.58	5.52	5.48	5.43	5.43	5.50
小麦	10.41	12.63	12.63	15.16	15.04	14.92	14.92	14.22
全部	46.66	68.18	67.83	76.10	75.53	75.15	75.15	72.99

注：棉花按照TN/AG/W/4/Rev.4第55段规定实施。

资料来源：特定农产品"蓝箱"约束水平数据来源于《农业减让模式草案（第四稿）》(TN/AG/W/4/Rev.4)，2008-12-6；《2002年农业法案》实施的反周期补贴支出数据来自美国向世贸组织专家组提交的资料。

表8-8数据显示，如果美国接受了《农业减让模式草案（第四稿）》中的"蓝箱"封顶方案，反周期补贴被成功纳入"蓝箱"，则在《2002年农业法案》期间，美国最终被列入特定农产品"蓝箱"支持水平约束的附件中的9种主要农作物特定产品"蓝箱"支持量将突破特定产品"蓝箱"约束水平，而且最终被列入特定农产品"蓝箱"支持水平约束的附件中的9种主要农作物（表8-8）的反周期补贴总和已经远远超出48.54亿美元的"蓝箱"约束总水平。

8.3 新一轮农业国内支持削减方案下美国农业国内支持的合规性
——基于《2014年农业法案》的预估

本节首先对美国《2014年农业法案》调整的贸易扭曲性支持措施进行"归箱"研判，然后利用美国近年来的农业国内支持历史数据（针对没有变化的措施）和2014年农业国内支持调整后的相关支出预算数据，按照《农业减让模式草案（第四稿）》削减方案，对新法案实施后美国国内支持的OTDS、TAMS和棉花AMS进行估计，分析《2014年农业法案》下国内支持政策走向能否从实质上为美国国内支持减让承诺创造让步空间，以及新法案农业支持政策改革对WTO规则的取向。

8.3.1《2014年农业法案》下主要支持措施的"归箱"研判

《2014年农业法案》是在美国政府预算紧张、农产品价格持续上涨、农业风险加大和美国贸易谈判受阻等背景下，对农产品支持计划、农业保险、资源保护、生物能源、科研推广、农村发展等十二个方面的政策都做了调整（齐皓天、彭超，

2015)。其中,多数是对"绿箱"政策的调整,本文关注的是其对贸易扭曲性国内支持措施的调整,以及调整之后的新政策如何"归箱",进而以此作为估计其扭曲贸易的国内支持水平的基础。

根据对《2014年农业法案》农业国内支持措施调整的分析,以及对《2014年农业法案》中具体国内支持措施操作方法相关条款的详细分析(限于篇幅,本文不展示详细内容),将其分别与《农业协定》中的农业国内支持细则条款,美国2008—2013年通报的惯例和《农业减让模式草案(第四稿)》新"蓝箱"规则对照,对《2014年农业法案》中新建的主要贸易扭曲性支持措施进行"归箱"研判,结果如表8-9所示。

表8-9　美国《2014年农业法案》调整的贸易扭曲性支持措施"归箱"研判

2014年法案取消的贸易扭曲性措施的"归箱"		《2014年农业法案》新建的贸易扭曲性支持措施"归箱"[①]研判			
主要措施	2008-2013掳通报中的"归箱"[①]分类	主要措施	严格按照乌拉圭农业协定	按照美国2008-2013年通报的惯例	按《农业减让模式草案(第四稿)》
固定直接补贴(DP)	"绿箱":DS1	价格损失保障(PLC)	"黄箱":DS6	"黄箱":DS9	"新蓝箱":DS3
反周期补贴(CCP)	"黄箱":DS9	分作物计算的农业风险收入保障(ARC)	"黄箱":DS6	"黄箱":DS9	"新蓝箱":DS3
平均作物收入选择补贴(ACRE)	"黄箱":DS6	按全农场所有作物总收入计算的农业风险收入保障(ARC)	"黄箱":DS9	—	"黄箱":DS9
补充作物收入补贴(SURE)	"黄箱":DS9	补充保险选项(SCO)保费补贴	"黄箱":DS7	—	"黄箱":DS7
棉花进口补贴凭证交易收益	"黄箱":DS6	累加收入保险(STAX)保费补贴(2015年开始生效)	"黄箱":DS7	—	"黄箱":DS7
乳品市场价格支持	"黄箱":DS5	陆地棉STAX过渡期援助补贴(2014-2015年)	"黄箱":DS6	—	"黄箱":DS6
牛奶收入损失补贴	"黄箱":DS6	乳品利润保障补贴(MPP)	"黄箱":DS6	—	"黄箱":DS6
		增加对蜂蜜、养鱼、畜牧饲料等灾害损失援助	"黄箱":DS6	—	"黄箱":DS6

注:①DS1~DS9代表国内支持WTO通报的9个分类表,DS1是"绿箱措施",DS3是指"蓝箱"中和产量脱钩的补贴措施,DS5是"黄箱"中基于特定产品的市场价格支持措施,DS6是"黄箱"中基于特定产品不可免除的直接补贴措施,DS7是"黄箱"中基于特定产品的其他补贴措施,DS9是"黄箱"中非基于特定产品支持措施。

需要说明的是,表中《2014年农业法案》新建的价格损失保障补贴(PLC)的补贴方式和《2002年农业法案》设计的反周期补贴(Counter-Cyclical Payments)一样,是按照实际价格与目标价格的差额,基于历史基期产量的85%发放的补贴,补贴和特定产品当期实际生产脱钩。新增的农业风险收入损失保障补贴(Agriculture Risk Coverage,简称ARC)是按照每亩实际收入与目标收入的差额,基于历史基期面积的85%发放的补贴,补贴也和特定产品当期实际生产脱钩。他们都是按照"新蓝箱"规则设计的,由于"新蓝箱"规则一直没有生效,所以严格按照现行农业规则(乌拉圭回合《农业协定》),PLC和分作物计算的ARC应按照"基于特定产品支持"进行"归箱"。但美国在2002—2013年WTO通报中把反周期补贴按照非基于特定产品的"黄箱"支持进行"归箱"的[①],其理由是,反周期补贴不与特定产品生产相关。按照美国对反周期补贴的通报惯例,如果新"蓝箱"不能生效,美国也许会把PLC和ARC也按照"非基于特定产品支持"的"黄箱"补贴进行"归箱"通报。如果以后新"蓝箱"规则能生效,美国就可以把价格损失保障补贴(PLC)和农业风险收入损失保障补贴(ARC)"归箱"到"蓝箱"支持——和生产脱钩的收入补贴,从而免于削减。从美国对农产品直接补贴政策改革的特征来看,其对农产品支持计划下的两大主要直接补贴措施PLC和ARC,都进行了"半脱钩化"设计,即与价格或收入挂钩,与特定产品实际生产脱钩。"与产量脱钩的直接补贴"是多哈回合中"新蓝箱"标准改革的重要特征,这表明美国对农产品补贴政策的改革有明显的"新蓝箱"规则取向。所以,美国将在后巴厘谈判中继续主张"新蓝箱"规则,为PLC和ARC两项措施争取"新蓝箱"的庇护。

8.3.2 扭曲贸易的国内支持总额(OTDS):估计结果及其影响

OTDS即为所有"黄箱"和"蓝箱"支持措施支出总和,OTDS=基于特定产品支持的"黄箱"措施支持总量+非基于特定产品支持的"黄箱"措施支持总量+"蓝箱"措施支持总量。所以,"黄箱"与"蓝箱"的"归箱"差异或者基于特定产品支持与非基于特定产品支持的措施分类的差异,都不影响OTDS水平。根据对《2014年农业法案》中贸易扭曲性支持措施的梳理,贸易扭曲性支持措施如表8-10第1-2列所示。其中,农产品支持计划和农作物保险计划下的具体措施均为贸易扭曲性支持措施,其支持量可直接参考美国国会预算局对各支持计划及其主要支持措施做的未来十年的支出预算数据。对于生物能源、信贷等支持计划的一些贸易扭曲性支持措施,没有详细的预算数据可参考,但由于《2014年农业法案》没有

---

① 对美国农业国内支持WTO通报的合规性分析是另一篇文章的研究内容。

对这些措施进行调整,这些措施在2009—2013年间每年通报的补贴金额相对于OTDS总量而言,很少,且变化不大,所以本文用2009—2013年通报的平均值作为其未来支出的近似值进行估算(对OTDS总水平影响很小)。主要贸易扭曲性措施在2014—2023年的支持水平估计结果如表8-10所示。分类来看,《2014年农业法案》下,贸易扭曲性国内支持措施支出金额大的主要是产品支持计划和保险计划下的补贴措施。从总量来看,除了2015年,其他年份的OTDS估计水平基本维持在140亿美元左右。2015年农产品支持计划预算支出较少的原因是2015年处于政策转变过渡期,旧政策废除后新政策尚未完全推开。

表8-10　美国2014年农业法案下贸易扭曲性国内支持水平(OTDS)估算　单位:百万美元

贸易扭曲性支持措施		2014—2023年支出金额估算									
		2014年	2015年	2016年	2017年	2018年	2019年	2020年	2021年	2022年	2023年
(1)农产品支持计划	价格损失保障补贴、农业风险保障补贴、陆地棉过渡性援助补贴、营销援助贷款补贴、食糖支持项目、乳品支持项目、补充农业灾害援助补贴	6382.0	2540.0	4802.0	5004.0	4828.0	4256.0	4116.0	4224.0	4082.0	4225.0
(2)农作物保险计划	作物保险补贴	6218.6	8235.6	8578.6	8670.6	8899.6	9115.6	9388.6	9550.6	9709.6	9824.6
(3)生物能源、信贷等支持计划	生物能源作物援助补贴	9.4	9.4	9.4	9.4	9.4	9.4	9.4	9.4	9.4	9.4
	农村收购生物能源设备系统补贴	59.5	59.5	59.5	59.5	59.5	59.5	59.5	59.5	59.5	59.5
	公地上的牧草养护预算支出净支出	47.4	47.4	47.4	47.4	47.4	47.4	47.4	47.4	47.4	47.4
	灌溉设施贷款利息补贴	190.5	190.5	190.5	190.5	190.5	190.5	190.5	190.5	190.5	190.5
	农场仓储设施贷款利息补贴	5.6	5.6	5.6	5.6	5.6	5.6	5.6	5.6	5.6	5.6
OTDS支持水平估计值≈(1)+(2)+(3)		12913.0	11088.0	13693.0	13987.0	14040.0	13684.0	13817.0	14087.0	14104.0	14362.0

注:①商品计划和农作物保险计划下的贸易扭曲性措施支出金额为美国国会预算局支出

预算数据,预算数据和预算方法来自美国国会预算局网站《2014年农业法案》预算报告 H.R. 2642:https://www.cbo.gov/sites/default/files/113th-congress-2013-2014/costestimate/hr2642lucasl-tr00.pdf 。②生物能源、信贷等支持计划中的贸易扭曲性措施的支出数据按照2009—2013年 WTO 通报的平均支出金额作为估计值。2009—2013年支出数据根据 WTO 通报汇总计算,美国农业国内支持 WTO 通报下载自 WTO 网站:https://www.wto.org/english/tratop_e/agric_e/ag_work_e.htm

8.3.3 2.5% 微量允许标准下的 TAMS:估计结果及其影响

按照《农业减让模式草案(第四稿)》的削减方案,美国特定产品和非特定产品"黄箱"微量允许削减的目标水平应分别为年度特定产品产值的 2.5% 和农业总产值的 2.5%。因此,本文在 2.5% 微量允许标准下对 TAMS 进行估计。

8.3.3.1 估计方法

由于非基于特定产品"黄箱"补贴的微量允许空间巨大(农业总产值的 2.5%),美国现行农业国内支持政策下,非基于特定产品的"黄箱"补贴基本不会超过微量允许,实际计入当期 TAMS 的全部来源是基于特定产品的"黄箱"补贴。因此,对 TAMS 的估计,首先要识别超微量支持的主要农产品以及对这些产品所采取的主要支持措施,然后结合相关产品和具体措施的历史支出数据和预算数据,即可大致估计2014年国内支持政策调整后的 TAMS。其中,识别超微量支持的具体产品和措施的方法是:首先根据美国农业国内支持的 WTO 通报数据(2009-2013年),看其《2008年农业法案》实施期间计入当期 TAMS 的主要产品和支持措施,然后看《2014年农业法案》对政策措施做了哪些调整,按照"没有变化的特定产品支持措施+新增的特定产品支持措施-取消的特定产品支持措施"的思路,判断《2014年农业法案》下 TAMS 的主要来源产品和支持措施。

8.3.3.2《2008年农业法案》实施期间计入当期 TAMS 的主要产品和措施

从美国向 WTO 通报的 2009—2013年农业国内支持数据来看,2009—2011年间计入当期 TAMS 的 99% 来源于①乳品的市场价格支持项目和市场收入损失保障项目(可理解为牛奶目标价格补贴),②食糖市场价格支持项目。2012—2013年,荞麦、芥花油、棉花、干豆、鹰嘴豆和扁豆、亚麻仁、小米、芥菜籽、芝麻、高粱、向日葵、小麦等产品的作物保险保费补贴成为 TAMS 的重要来源(见表8-11)。因为2012年以前,美国把作物保险保费补贴按照非基于特定产品补贴进行通报的(这样通报不完全符合 WTO 规定),由于这样通报受加拿大、巴西等成员质疑,美国2012年开始把作物保险保费补贴按照基于特定产品补贴进行通报。

表8-11　2009-2013美国国内支持WTO通报中计入当期TAMS的主要产品及其支持措施　单位:百万美元

年份		2009年		2010年		2011年		2012年		2013年	
承诺的 TAMS 约束水平		19103.294		19103.294		19103.294		19103.294		19103.294	
通报的计入当期超微量AMS总额		4267.032		4119.494		4653.986		6863.274		6891.782	
计入当期超微量 **AMS** 的主要措施		金额	占当期TAMS比例	金额	占当期TAMS比例	金额	占当期TAMS比例	金额	占当期TAMS比例	金额	占当期TAMS比例
	食糖市场价格支持	1240.94	29.08%	1257.61	30.53%	1405.62	30.20%	1405.84	20.48%	1399.244	20.30%
	乳品的市场价格支持	2826.9	66.25%	2845.28	69.07%	2834.93	60.91%	2922.60	42.58%	2925.123	42.44%
	乳品市场收入损失补贴	181.53	4.25%	0.566	0.01%	403.204	8.66%	403.20	5.87%	274.175	3.98%
	农作物保险保费补贴①	0	0	0	0	0	0	2028.43	29.55%	1975.86	28.67%
	合计	4249.37	99.58%	4103.46	99.61%	4643.75	99.77%	6760.11	98.50%	6574.402	95.39%

注:①2012年以前,美国把作物保险保费补贴按照"非基于特定产品"补贴进行通报的(不合规的),由于受加拿大、巴西等成员质疑,美国2012年开始把作物保险保费补贴按照基于特定产品补贴进行通报。2012年通报的保费补贴超过微量允许的产品:荞麦、芥花油、棉花、干豆、鹰嘴豆和扁豆、亚麻仁、小米、芥菜籽、芝麻、高粱、向日葵、小麦;2013年通报的保费补贴超过微量允许的产品:荞麦、芥花油、棉花、干豆、亚麻仁、蜂蜜、小米、芥菜籽、芝麻、高粱、向日葵、小麦。

②资料来源:作者根据美国向WTO提交的2009-2013年国内支持通报数据整理,WTO通报数据可在WTO官网下载:https://www.wto.org/english/tratop_e/agric_e/ag_work_e.htm.

现行农业规则(乌拉圭回合《农业协定》)下,美国"黄箱"补贴的微量允许水平仍是按5%计算的,为了和《农业减让模式草案(第四稿)》的削减方案比较,本文根据2012和2013年通报的数据①,对2.5%的微量允许水平下的TAMS进行试算(结果见表8-12)。

---

① 之所以只对2012-2013年数据进行试算,是因为美国2012年才开始把农业保险保费补贴按照基于特定产品补贴进行通报,且目前只通报到2013年。

表8-12 2.5%的微量允许标准下2012-2013年特定产品AMS试算结果 单位:百万美元

2.5%微量允许标准下2012年超微量补贴的农产品						2.5%微量允许标准下2013年超微量补贴的农产品					
农产品	产值	产值的2.5%	"黄箱"支持金额	AMS	其中保费补贴	农产品	产值	产值的2.5%	"黄箱"支持金额	AMS	其中保费补贴
大麦	1379.17	34.48	54.49	54.49	54.39	杏子	44.99	1.12	1.18	1.18	1.18
油菜籽	644.73	16.12	42.45	42.45	42.41	大麦	1265.80	31.64	51.30	51.30	50.86
玉米	74330.61	1858.27	2719.60	2719.60	2711.01	荞麦	3.39	0.08	0.22	0.22	0.22
棉花	7748.40	193.71	636.15	636.15	562.95	油菜籽	456.93	11.42	45.84	45.84	45.73
牛奶	37229.65	930.74	3335.00	3335.00	8.87	玉米	61927.55	1548.19	3021.22	3021.22	2857.91
干豆角	1121.61	28.04	57.90	57.90	57.90	棉花	6245.51	156.14	573.53	573.53	453.88
干豌豆	228.66	5.72	19.12	19.12	19.06	牛奶	40476.61	1011.92	3209.34	3209.34	7.66
亚麻籽	78.70	1.97	4.90	4.90	4.90	干豆角	880.61	22.02	41.33	41.33	41.33
小米	47.10	1.18	2.85	2.85	2.85	干豌豆	441.95	11.05	23.17	23.17	22.97
芥菜	10.72	0.27	0.84	0.84	0.84	亚麻仁	46.33	1.16	3.38	3.38	3.38
花生	2029.57	50.74	65.19	65.19	52.01	青豆	151.93	3.80	4.71	4.71	4.71
李和梅	242.74	6.07	9.29	9.29	9.29	蜂蜜和蜜蜂	301.32	7.53	18.23	18.23	3.70
爆米花	125.71	3.14	4.77	4.77	4.77	小米	84.92	2.12	10.03	10.03	10.03
红花	49.35	1.23	1.76	1.76	1.76	芥菜	13.65	0.34	0.80	0.80	0.79
高粱	1600.83	40.02	142.10	142.10	142.09	燕麦	239.81	6.00	6.21	6.21	6.20
大豆	43602.04	1090.05	1479.26	1479.26	1473.43	花生	1055.10	26.38	36.73	36.73	27.44
糖	3696.96	92.42	1454.29	1454.29	38.35	李和梅	238.21	5.96	8.70	8.70	8.70
向日葵	713.18	17.83	51.28	51.28	51.24	爆米花	180.71	4.52	5.55	5.55	5.55
烟草	1577.86	39.45	41.78	41.78	41.78	向日葵	58.62	1.47	1.99	1.99	1.99
小麦	17491.30	437.28	1115.95	1115.95	1114.66	芝麻	1.37	0.03	0.47	0.47	0.47
合计				11238.97	6394.57	高粱	1716.93	42.92	190.00	190.00	183.71
						大豆	43582.90	1089.57	1538.96	1538.96	1535.70
						糖	2499.23	62.48	1445.16	1445.16	39.08
						向日葵	443.30	11.08	54.11	54.11	49.47
						烟草	1574.98	39.37	43.81	43.81	43.81
						小麦	14604.44	365.11	1317.48	1317.48	1250.63
						合计				11653.49	6657.11

注:①表中加黑的数据是强调的内容;②数据来源:作者根据美国2012年、2013年农业国内支持WTO通报数据计算整理,WTO通报数据在WTO官网下载:https://www.wto.org/english/tratop_e/agric_e/ag_work_e.htm.

试算结果显示,在2.5%微量允许标准下,美国2012年、2013年应计入当期的TAMS分别为达到112.39亿美元和116.53亿美元,已远远超过《农业减让模式修正草案(第四版)》要求的76.41亿美元的最终约束上限。从TAMS的主要来源产品和来源措施看,主要产品是食糖、乳制品、大豆、小麦、玉米、棉花、高粱等;主要措施包括食糖和乳制品的市场价格支持措施和作物保险保费补贴,来源于保费补贴的金额在60亿美元以上(占TAMS的57%左右)。所以,要判断《2014年农业法案》政策调整对未来TAMS水平的影响,一方面重点看新法案对表8-13中主要产品和各项措施的调整,另一方面看其他新增的"黄箱"措施是否会增加TAMS。

表8-13 2.5%的微量允许标准下2012—2013年TAMS主要来源的支持措施 单位:百万美元

年份	2012年		2013年	
2.5%微量允许标准下的TAMS	11238.965		11653.485	
	金额	占当期TAMS比例	金额	占当期TAMS比例
计入当期TAMS的主要措施 食糖市场价格支持	1405.84	12.51%	1399.244	12.01%
乳品的市场价格支持	2922.6	26.00%	2925.123	25.10%
乳品市场收入损失补贴	403.2	3.59%	274.175	2.35%
农作物保险保费补贴①	6394.57	56.90%	6657.11	57.13%
合计	11126.21	99.00%	11255.652	96.59%

注:①保费补贴金较多的产品主要是大豆、小麦、玉米、棉花、高粱等(详见表4);②数据来源:作者根据美国2012年、2013年农业国内支持WTO通报数据计算整理,WTO通报数据可在WTO官网下载:https://www.wto.org/english/tratop_e/agric_e/ag_work_e.htm.

8.3.3.3《2014年农业法案》对贸易扭曲性措施的调整和预算变化

(1)《2014年农业法案》对食糖支持政策延续《2008年法案》的政策不变,补贴预算也没调整,仍维持在14亿美元左右。(2)《2014年农业法案》对乳品支持计划做了调整,取消了乳品市场价格支持项目和乳品市场收入损失保障项目两项措施,新增了乳品净利润保护补贴(MPP)和牛奶捐赠计划(DPDP),新增的两项措施均为基于特定产品的"黄箱"补贴措施。根据美国国会预算局的预算支出估计,乳品支持政策调整以后,对乳品的补贴支出会继续增加(见表8-14)。(3)对保险计划的调整,是在原保险计划基础上,新增了补充作物收入保险项目(SCO)和棉花累加收入保险(STAX),SCO和STAX都是和特定农作物生产挂钩的,其保费补贴也要纳入特定产品AMS计算。根据美国国会预算局的预算支出估计,补贴进一步增加(见表8-14)。姑且不考虑《2014年农业法案》新增的其他补贴项目是否会进一步增加未来的TAMS水平,仅对乳品支持和保费补贴的支出增加就会使得未来的TAMS水平比《2008年农业法案》下的更高。如果考虑《2014年农业法案》还新增了其他特定产品补贴措施,以及如果要求美国把PLC和ARC两项措施也按照基于特定产品"黄箱"补贴进行通报,那么未来应计入当期的TAMS会更高。

表8-14　美国国会预算局估计的2014—2023年补贴支出变化量(以2012年度支出数据为基线)　单位:百万美元

支持项目	直接支出的变化量(正数表示增加量,负数表示减少量)									
	2014年	2015年	2016年	2017年	2018年	2019年	2020年	2021年	2022年	2023年
食糖支持项目	0	0	0	0	0	0	0	0	0	0
乳品支持项目	81	-51	59	23	130	83	175	143	142	130
作物保险支持	2	74	516	558	678	734	767	774	809	809

资料来源:美国国会预算局2014年农业法案预算报告H.R. 2642:

https://www.cbo.gov/sites/default/files/113th-congress-2013-2014/costestimate/hr2642lucasl-tr00.pdf.

8.3.4 棉花综合支持量:估计结果及其影响

迫于巴西等国的起诉压力,美国政府在《2014年农业法案》中对棉花补贴政策做了特殊调整,商品计划下新增加的价格损失保障补贴(PLC)和农业风险保障补贴(ARC)不适用于陆地棉,原因是PLC和ARC本质上和《2008年农业法案》下的反周期补贴(CCP)的方式是一样的,即按照历史基期产量的85%补,所谓的与现期生产脱钩,而巴西在诉讼中认为CCP实际还是挂钩的补贴。所以《2014农业法案》专门针对陆地棉设计了累加收入保险计划(STAX),对增加的该保险项目提供80%的保费补贴,结合原有作物保险项目为棉花生产者提供收入支持,其中保费补贴是基于特定产品的"黄箱"补贴。由于新增棉花累加收入保护计划自2015年开始生效,所以在2014-2015年度为棉花提供政策过渡性援助补贴。根据美国国会预算局的直接补贴支出预算数据,增加的陆地棉累加收入保险(STAX)在2016-2023年[①]间每年的直接保费补贴支出分别为:3.25亿美元、3.08亿美元、3.86亿美元、4.09亿美元、4.39亿美元、4.51亿美元、4.68亿美元、4.66亿美元,这不包括对原保险计划的保费补贴。可见,不考虑其他针对棉花的补贴措

---

① STAX计划2015年才开始生效,2014-2015年为政策过渡期。

施,仅保险计划对棉花的保费补贴就已经远远超过《农业减让模式草案(第四稿)》要求的1.5亿美元的上限。

8.4 美国农业国内支持政策对新一轮农业谈判的影响

8.4.1 美国现行农业国内支持政策不能满足新一轮农业谈判的要求

本章根据WTO多哈农业谈判提出的《农业减让模式草案(第四稿)》中设定的新一轮农业国内支持削减方案,分别基于美国2002—2013年的农业国内支持历史数据和《2014年农业法案》的国内支持预测数据,对新一轮国内支持削减方案下美国农业国内支持的合规性进行模拟,进而判断美国农业国内支持政策对新一轮农业谈判和WTO农业国内支持规则改革的影响。模拟结果表明,如果按照《农业减让模式草案(第四稿)》执行新一轮农业国内支持的削减,美国《2002年农业法案》和《2008年农业法案》下的农业国内支持政策都无法满足削减要求,正是因为在削减扭曲贸易的国内支持方面缺乏弹性,所以即便发展中成员在市场准入领域做出重大让步,美国政府接受《农业减让模式草案(第四稿)》的难度也较大。从《2014年农业法案》看,美国规定了未来5~10年美国农业支持政策的基本走向、具体措施和支持水平。通过对《2014年农业法案》下美国农业国内支持的OTDS、2.5%微量允许标准下的TAMS和棉花AMS进行估计,结果显示:第一,《2014年农业法案》下农业国内支持政策实施期间每年OTDS大约为140亿美元以上,勉强能控制在《农业减让模式草案(第四稿)》提出的按照70%的比例削减的约束上限之内,但很难削减到凯恩斯集团和发展中成员要求的130亿美元的约束上限。第二,如果按照《农业减让模式草案(第四稿)》要求,美国要把微量允许标准减让到产值的2.5%,并在5年实施期内把TAMS最终约束上限削减到76.41亿美元;而在2.5%的微量允许水平下,美国的《2014年农业法案》下每年计入当期的TAMS超过2012年112.41亿美元,远远高于76.41亿美元的约束上限。第三,《2014年农业法案》对棉花的补贴政策基本全部调整为保险补贴,在原保险项目基础上增加了陆地棉累加收入保险(STAX),原保险计划的保费补贴2012年5.63亿美元,2013年4.54亿美元,新增的STAX的保费补贴就预计每年在3.08~4.68亿美元之间,二者之和远远高于《农业减让模式草案(第四稿)》要求的美国棉花补贴削减至1.5亿美元的水平。

综上所述,定量分析结果证明了美国拒绝接受多哈农业谈判设定的农业国内支持削减方案才是多哈农业谈判陷入僵局的主要原因;而在后巴厘农业谈判中,美国《2014年农业法案》对国内支持政策调整也并不能给美国削减其OTDS、TAMS约束上限和棉花AMS创造足够让步空间,如果"后巴厘"谈判仍以《农业减让模式草案(第四稿)》为基础,即使其他成员愿意在市场准入方面让步,美国若不修改其农业法案,在谈判中依然没有让步空间,其立场很难改变。这意味着后巴厘农业谈判如果仍按照《农业减让模式草案(第四稿)》为基础进行谈判,结果必然遥遥无期。

8.4.2 特朗普执政下美国农业支持政策走向及其对"后巴厘"农业谈判的影响

2016年11月9日,唐纳德·特朗普(Donald J. Trump)赢得美国大选,于2017年1月20日正式入主白宫。众多研究从竞选期间的言论以及上台后不久采取的措施角度分析认为,特朗普的政策核心是所谓"美国优先""美国第一",即不管现行的国际体系规则和国内的现有条件,力推他认为对美国有利的政治经济和军事措施,重振美国所谓的"伟大"(徐明棋,2017),这可能意味着全球化的逆转和新自由主义的终结(Pan Pylas etal.,2017)。特朗普政府对美国国内外经济政策调整有两大特征,一是国际经济政策从自由贸易转向保护主义,二是国内经济政策转向"有选择性的干预主义"(徐明棋,2017)。他试图遵循实用主义和重商主义的原则有选择地干预经济生活,同时又有选择地推进自由主义的市场经济,把自由主义市场经济与政府的干预结合起来。美国对农业的保护政策始于20世纪30年代"罗斯福新政"时期的《1933年农业调整法案》,农业一直是美国政府干预和支持较多的行业。虽然特朗普政府有计划转向干预的重点领域主要是传统制造业和金融业,但主张政府干预的经济政策背景下,对农业的支持和干预只可能增强,而不会减弱,进一步分析,美国农业支持政策是通过立法程序形成的,《2014年农业法案》已经规定了未来5—10年美国农业支持政策的基本走向、具体措施和支持水平,政府并没有直接更改农业法案的权利。特朗普当选美国总统后,主张"美国优先"的贸易政策,根据特朗普政府这一执政特点判断,新政府几乎不可能主张削减对农业的保护。如果美国不能修改其农业法案,这意味着美国在"后巴厘"农业谈判中只有两种选择,要么放弃WTO农业谈判,转而寻求其他有利于美国的多边或双边农业贸易谈判,要么美国坚决反对按照《农业减让模式草案(第四稿)》为基础进行谈判,否则特朗普政府无法调和国际规则和国内农业立法之间的矛盾。"后巴厘"农业谈判秉承"多哈发展议程"更多照顾发展中成员的宗旨,必然要求美国等发达国家在谈判中能做出更大让步,而特朗普"美国优先"的政策特征,将使得美国政府在"后巴厘"农业谈判中做出妥协让步的可能性进一步降低。因此,可以得出一个基本判断是,特朗普执政可能使本来举步维艰的 WTO 农业谈判雪上加霜,若要推动"后巴厘"农业谈判,可能需要重新设定谈判的目标框架。

第9章　主要结论与启示

9.1 主要研究结论

本文具体研究了三个问题：一是WTO《农业协定》生效以来，美国如何在国内政策目标和国际规则双重约束下对农业国内支持政策进行改革调整；二是美国所实施的农业国内支持政策是否确实严格遵守了现行WTO农业规则，以及如何规避WTO规则约束；三是在多哈谈判拟定的新一轮农业国内支持削减方案下，美国现行农业国内支持政策能否满足新一轮农业国内支持削减要求，其对WTO农业国内支持规则改革将产生怎样的影响。研究的主要结论可以总结为WTO规则框架下美国农业国内支持政策改革调整，WTO规则视角下美国农业国内支持政策的合规性及其规避WTO规则约束的策略，美国农业国内支持政策对新一轮WTO农业国内支持规则改革三个方面的影响。

9.1.1 美国主要农产品国内支持政策改革调整的路径特征

本文从历史演变视角把具体政策的分析和特定历史条件相结合，理清了乌拉圭回合《农业协定》生效以来美国农产品国内支持政策演变的逻辑与脉络；从美国历年农业法案原文出发，分析了美国主要农产品支持措施的复杂操作机制和不同措施之间的组合关系；总结了WTO规则框架下美国农业国内支持政策改革调整的特征。在《农业协定》达成之前，美国主要的农产品支持政策措施是无追索权贷款和限产计划下的目标价格差额补贴政策，其中无追索权贷款是价格支持和信贷支持二位一体的措施，目标价格差额补贴是挂钩补贴。1995年《农业协定》生效以后，美国颁布《1996年农业法案》对农业政策进行改革，一是把无追索贷款改为有追索权的营销援助贷款，并对有资格获得营销援助贷款而放弃贷款的生产者给予贷款差额补贴，从而取消了价格支持机制；二是把挂钩的目标价格差额补贴改为生产灵活性补贴，生产灵活性补贴是按照历史基期产量的85%

发放的定额补贴,名义上和当期生产无关,以增强农民按照市场变化制定生产决策的灵活性;三是大力发展农业保险,为农民提供风险管理工具。从1998年开始,美国国内外形势发生了巨大变化,农产品价格暴跌,美国连续颁布了几部临时农业法案,增加对农业生产的补贴,《2002年农业法案》也没有延续《1996年农业法案》削减补贴的计划,反而在《1996年农业法案》政策的基础上全面增加农业的投资和补贴。《2008年农业法案》基本延续了《2002年农业法案》下对生产者支持的所有政策措施,并在此基础上新增加了一项基于单位面积实际收入和目标收入的差额补贴政策——平均作物收入补贴选项(Average Crop Revenue Election Program,简称ACRE)。平均作物收入补贴选项(ACRE)可以理解为单位面积的目标收入补贴。受美国财政状况恶化、多哈回合谈判受阻、农产品贸易争端等因素影响,美国《2014年农业法案》对农业政策进行了新的调整。一是取消了完全脱钩缺乏效率的固定直接补贴措施(FDP);二是把反周期补贴(CCP)改名为"价格损失保障"(Price Loss Coverage,简称PLC),而具体操作不变;三是把按照实际面积和产量计算的平均作物收入补贴选项(ACRE)改为按照历史面积和历史产量计算补贴的农业风险保障补贴(Agriculture Risk Coverage,简称ARC),ARC相当于是对ACRE进行了"半脱钩化"调整的产物;四是增加了农作物补充保险选项(Supplemental Coverage Option,简称SCO)作为ARC的替代方案;五是把对棉花的补贴全部改为了作物保险支持方式。

美国农产品支持政策的演变,总体上是价格支持工具逐步向直接补贴政策工具改革,挂钩直接补贴向脱钩、半脱钩直接补贴政策调整;同时,1996年以来美国持续增加农业保险补贴在整个农产品支持政策体系中的比重,农业保险补贴逐步成为最主要的政策工具。改革调整呈现出政策工具选择趋于多样化、政策手段趋于市场化、政策组合趋于优化、补贴方式半脱钩化、注重农业风险管理等特征,从而更好适应形势变化和实现政策目标,从长期促进了美国农业竞争力提升和可持续发展。但所谓的脱钩和半脱钩补贴措施实际并没有和特定产品生产脱钩,只是在政策设计上规避现行WTO规则约束的策略。

9.1.2 美国农业国内支持的合规性及其规避WTO规则的策略

本文以现行WTO农业国内支持规则为基础,运用WTO农业国内支持政策"归箱"的理论与方法和AMS测度模型,构建了评价农业国内支持合规性的分析框架。从通报数据观测、通报问题分析和不合规通报修正后的TAMS测算三个层面，对美国已经向WTO通报的1995—2013年农业国内支持的合规性进行了检验，分析了美国农业国内支持的违规之处和合理规避WTO约束的策略。基于通报数据的分析显示，1995—2013年，美国农业国内支持总量增长了2.4倍，占农业总产值比例在35%以上，主要是"绿箱"支持的增加，"黄箱"支持水平总体呈下降趋势。尽管基于美国通报数据的观测结果显示，美国向WTO通报的1995—2013年间每年的现行AMS总量（TAMS）没有超过《农业协定》规定的TAMS年度约束上限，但在美国提交的国内支持通报中存在不合规问题，主要包括：按照"绿箱"通报的生产灵活性合同补贴（PFCP）和固定直接补贴（FDP）并不完全符合"绿箱"标准和条件，按照"非特定产品支持"通报的反周期补贴（CCP）不完全和特定产品生产脱钩，农作物保险保费补贴的通报"归箱"错误和金额不足。如果严格按照《农业协定》"归箱"规则与TAMS测度方法，对美国不合规通报的措施和金额进行修正后重新计算TAMS，则美国在1998年、1999年、2000年、2004年、2005年的"黄箱"综合支持总量（TAMS）已经超过了《农业协定》规定年度约束上限。尽管2005年以后，美国实际的TAMS超过《农业协定》规定的约束上限的可能性不大，但由于《农业协定》"和平条款"在2004年终止，在没有《农业协定》"和平条款"保护的情况下，美国对棉花等特定农产品给予很高水平的"黄箱"支持，很可能违反《补贴与反补贴协定》。

美国规避WTO规则约束的主要策略，一是不严格遵守规则对政策进行通报，把本应属于"黄箱"的措施归为"绿箱"，本应属于"基于特定产品支持"的归为"非基于特定产品的支持"，还少报、漏报、隐瞒实际金额等方式降低通报的AMS水平；二是在政策设计和具体措施命名上，名义与生产脱钩，而在实际操作中与生产挂钩；三是通过给农业保险公司提供补贴和再保险支持替代对农民的直接保费补贴，已成为目前美国规避WTO"黄箱"上限约束的主要策略，这点特别值得注意。

9.1.3 美国农业国内支持对WTO新一轮农业谈判的影响

本文根据多哈回合《农业减让模式草案（第四稿）》中设定的新一轮农业国内支持削减方案，分别基于美国2002—2013年的农业国内支持历史数据和《2014年农业法案》的国内支持预测数据，对新一轮国内支持削减方案下美国农业国内支持的合规性进行模拟,进而判断美国农业国内支持政策对新一轮农业谈判和WTO农业国内支持规则改革的影响。模拟结果表明,如果按照《农业减让模式草案(第四稿)》执行新一轮农业国内支持的削减,美国《2002年农业法案》和《2008年农业法案》下的农业国内支持政策都无法满足削减要求,《2014年农业法案》虽然对国内支持政策做了调整,但也很难满足这一削减要求。正是因为在削减扭曲贸易的国内支持方面缺乏弹性,所以,即便发展中成员在市场准入领域做出重大让步,美国政府接受《农业减让模式草案(第四稿)》的难度较大。因此,中国在坚持"发展"回合前提下,适当降低谈判的"雄心"水平或许是推动多哈农业谈判的一种务实选择。

此外值得注意的是,美国《2014年农业法案》下对价格损失保障补贴(PLC)和农业风险保障补贴(ARC)都是名义上和生产脱钩的补贴,具有明显的"新蓝箱"规则取向。所以,美国会在"后巴厘"谈判中继续主张"新蓝箱"规则,为PLC和ARC两项措施争取"新蓝箱"的庇护。

9.2 对中国的启示

9.2.1 以提高竞争力为核心目标导向,坚定农产品国内支持政策的市场化改革方向

第一,具体措施定向施策,多项措施配套组合。美国对同一农产品适用的支持政策包含了信贷支持、差价补贴、定额补贴、农作物保险、灾害救助等多项具体措施的组合,既有普惠性的基本底线保障,又有农民自主选择的高水平保障,在不同的损失条件下启动不同政策措施。美国的经验也告诉我们:农产品支持政策有保农户利益、调节供需平衡、提高竞争力、促进可持续发展等多元目标,同时还受到财政、国内外市场变化、WTO规则等多重条件约束,任何单一政策都很难满足多元目标和多元条件约束,农产品支持政策的可选工具及其组合应该是多样的,既要根据不同目标定向施策,又要统筹兼顾实施众措并举的政策组合,并设计好不同政策之间的衔接关系,以避免政策执行的效率损失。

第二,政策框架相对稳定,具体措施动态调整。从美国农产品支持政策改革调整历史脉络来看,美国农业政策通过农业法案的方式,平均每五年做一次调

整,形成渐进式改革的机制,根据不同历史背景下国内外市场条件、财政状况、WTO规则等形势变化对政策工具及其组合进行动态调整,从而及时纠正政策效果的扭曲和适应新的历史条件下的政策目标需求。一方面维持了政策框架的基本稳定性,同时又为不断根据形势变化对具体政策措施进行动态调整提供了充分的灵活性。其启示意义在于,农产品支持政策改革的目标需求及其面临的约束条件是变化的,每一项政策措施都是在特定历史条件下发挥作用,任何具体政策措施的有效性都是有条件的,随着历史条件的变化,农产品支持政策的目标和约束条件不断变化,没有任何一项不变的政策措施可以一直有效,农产品支持政策应随着历史条件变化而变化。因此,政策工具及其组合既要维持基本框架的相对稳定性,给生产者和市场主体透明的预期,也要根据形势变化动态调整,确保具体措施改革调整的灵活性,以更好地适应不同历史背景下国内外市场状况、财政状况以及WTO农业规则等条件变化,从而及时纠正因条件变化导致的原政策效果扭曲,以及适应新形势的目标需求。

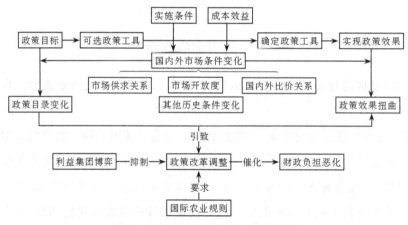

图9-1 农产品支持政策动态调整的逻辑

第三,政策手段市场化,政策目标注重风险管理和竞争力导向。自乌拉圭回合农业谈判以来,美国逐步取消农产品的价格支持政策,主要实施与生产脱钩、半脱钩的直接补贴以及农作物保险补贴,这些补贴方式都是不直接干预市场价格的方式,被称为市场化的政策手段。市场化是美国自《1996年农业法案》以来的主要农产品国内支持政策的重要特征。所谓农业支持政策手段的市场化是指,政策实施过程中不扭曲市场机制。市场机制的核心是自由竞争竞争条件下的供求决定价格、价格反作用于供求的资源配置机制,从而实现优质优价和优胜劣汰,有利于以效率为导向和提高竞争力。但美国的经验启示我们,农产品支持的本意并不是要对农业和农民的弱质性、落后性实施保护,而是通过政策支持,鼓励和帮助生产者逐步从落后走向先进,从弱小走向强大,提升其竞争力。而政策效果究竟是保护了落后还是鼓励了先进,其关键在于政策工具的选择。竞争力导向的政策工具一定是市场化的,而市场化也意味农产品价格跟随市场供求变化的波动,比政策干预情况下的价格波动要强烈,所以要提高对市场化条件下农产品价格波动的容忍度和风险管理能力是市场化改革的又一关键。

我国自2005年以来,先后对小麦、水稻启动托市收购,对玉米、油菜籽、大豆、棉花实施临时收储政策。在政策实施初期,由于我国重要农产品供不应求,且国内价格低于国际价格,价格支持在发挥保供给作用的同时,也保障了农民收益。但随着国内外市场条件的变化,价格支持政策的市场扭曲效应日益凸显,突出表现为,农产品国内外价格倒挂,进口量、生产量、库存量"三量齐增",形成"国产农产品入库,进口农产品入市"的怪圈。在农产品价格支持水平不断提高的影响下,农资价格、土地租金跟着快速上涨,推高了农产品生产成本,尤其是土地租金在实施价格支持政策的过去几年里呈倍数增长,严重损害了我国农产品国际竞争力,继续通过单一价格支持措施保护农民利益已经不可持续。我国当前面临的问题也是美国曾经经历的问题,根据美国经验,解决这些问题的有效改革方向就是要去掉农产品价格支持措施的市场扭曲机制,逐步降低价格支持水平甚至退出价格支持措施,然后综合运用直接补贴、农业保险、基础设施建设、科技投入、市场拓展等支持措施,建立竞争力导向的农业支持政策体系。农业的竞争力提高了,农业生产者的收益自然得到市场的回报。就具体建议而言,基于目标价格的差额补贴政策(包括反周期补贴、价格损失保障),是对农产品价格支持政策进行市场化改革的基本政策选择。美国自1973年正式确立目标价格补贴以后,虽然随历史条件变化对补贴方式和名称进行调整,但基于目标价格的差额补贴政策至今仍是美国农产品补贴政策的主要措施之一。基于目标价格的差额补贴在发挥市场机制、管理价格风险、提高补贴效率方面具有很多优越性,并且补贴方式"半脱钩化"在规避WTO约束方面的可操作空间较大。

9.2.2 具体措施的操作细节决定其"归箱"属性,政策设计要与WTO规则接轨

《农业协定》制定农业国内支持规则的关键,是通过区分扭曲贸易的国内政

策和不扭曲贸易的国内政策,将规制的焦点置于扭曲贸易的措施上,并确定规范这类措施的方法。所以《农业协定》对于免于削减和限制的国内支持措施制定了相应的标准和条件,具体为"绿箱"措施、"蓝箱"措施和"发展箱"措施的"归箱"标准和条件。划分这些免于削减和限制的措施的标准和条件一般是根据其操作细节判定的,所以具体措施的操作的细节决定其"归箱"属性。但是《农业协定》规定的免于削减和限制的措施的标准和条件中,尚存在一些界定不清晰的模糊地带,这就给熟悉规则者在设计具体政策时"打规则的擦边球"提供了空间,比如美国设计的名义上和生产脱钩的补贴以及农业保险的间接补贴都是利用现行农业国内支持规则漏洞的表现。

中国过去在对具体农业国内支持政策的设计方面,主要着眼于国内目标,缺乏对WTO农业国内支持规则详细标准和条件的足够关注。目前的"黄箱"支持已经接近WTO允许的上限,必须要对政策进行改革。但改革并非是"黄箱"政策转为"绿箱"政策那么简单,因为"绿箱"政策无法实现激励生产、确保粮食安全的政策目标。所以在具体政策设计上,既要不违反WTO规则约束,又要充分实现激励生产的和保障粮食生产的政策目标,这就需要政策制定者更加深入地研究WTO农业国内支持规则的细则,只有熟悉WTO农业规则者才能更好地规避WTO农业国内支持规则约束,在重要农产品国内支持政策设计过程中需要和WTO规则接轨。具体政策设计方面,以下两种政策工具值得中国研究借鉴。

一是"脱钩"和"半脱钩化"的补贴方式。此类补贴可以变基于特定产品补贴为非特定产品补贴,以规避WTO"黄箱"上限。"半脱钩化"是美国当前农产品补贴政策设计补贴方式的重要策略。为了在WTO规则框架下增加农业补贴,美国自《2002年农业法案》开始,主要运用"脱钩"的直接补贴(DP)和"半脱钩化"的反周期补贴(CCP)措施。其中"脱钩"的直接补贴(DP)以"绿箱"措施通报;"半脱钩化"的反周期补贴(CCP)以"基于非特定产品补贴"的"黄箱"措施通报。《2014年农业法案》实施的价格损失保障补贴(PLC)和收入风险损失保障补贴(ARC),其补贴方式分别是和农产品价格和收入挂钩,与农产品的实际面积和产量脱钩,即补贴的机制是差额补贴,补贴的方式是按照历史基期面积的85%和固定产量计算,其中,与价格或收入挂钩的好处在于,可以通过价格或者收入触发来发放补贴,实现损失多少补多少,不损失不补贴,变固定补贴为变动补贴,提高了补贴资金能效。所谓的与面积和产量脱钩的设计也有三方面好处:一是简化了补贴额的计算程序,节省了政策操作成本;二是补贴和特定农产品生产脱钩,可以钻现行WTO农业规则的"空子",变特定产品补贴为非特定产品补贴,充分利用非特定产品补贴的"黄箱"空间。三是,如果按照低于历史面积和产量85%的比例计算补贴,还可能在未来争取新"蓝箱"免于削减的支持空间。

二是农业保险补贴机制值得中国深入学习。美国自1996年以来不断强化农业保险在农产品支持政策中的作用。进入21世纪以来,农业风险管理成为各国农业支持政策研究的热点问题。美国在20世纪90年代末,大力支持政策性农业保险发展,目前农业保险已经是美国农产品支持政策中最重要的措施。农业保险既是一种很好的农业风险管理工具,又是市场化的农业支持政策手段,同时还能一定程度规避WTO规则约束。农业保险中的政府的资金参与包括三部分,一是保费补贴,二是保险公司经营管理费用补贴,三是再保险资金支持。根据WTO现行规则,只有保费补贴要计入"黄箱"补贴,保险公司经营管理费用补贴和再保险资金支持经过一定技术处理可不计入"黄箱"补贴。政府可以通过提高对保险公司的经营管理费用补贴来降低保费费率,从而减少保费补贴,还可以通过设计较低的保险触发门槛,通过再保险资金支持,借用保险公司之手间接补贴生产者,最终免于WTO规则约束。所以,农业保险可能是未来农业支持政策发展的重要方向之一,在WTO规则框架下以风险管理为导向构建农业收入安全网,加强风险管理,保护生产者利益。因此我国要强化农业保险在农产品支持政策中的作用。

9.2.3 美国农业国内支持不完全符合WTO规则,应加强对其重点农产品的反补贴调查

在现行WTO农业规则框架下,美国一方面大幅增加了农业国内支持总量,没有实质性削减扭曲贸易的农业国内支持,对发展中成员的农业发展造成很大冲击,并在国内支持政策设计和对政策的通报中利用规则缺陷、不按规定通报或者蓄意隐瞒等方式逃避WTO规则约束;另一方面却利用现行不平等的农业规则向中国等发展中成员的农业国内支持政策施压。美国在2016年9月13日,针对中国的农业国内支持向WTO提起世贸组织争端解决机制下的磋商请求,指控中

国对玉米、稻谷、小麦的支持违反WTO规定（WTO，2016）[1]。2016年12月15日，美国在WTO继续向中国发难，指称中国稻米、小麦和玉米的进口关税配额（TRQ）使用不充分，指称中国政府这项计划违反了其WTO承诺，损及美国农业出口（WTO，2016）[2]。美国之所以把矛头指向中国，一方面是因为中国个别农产品价格支持政策近年来确实可能出现了逼近WTO"黄箱"上限的风险，但这不是问题的根本所在。问题的根本在于美国自身农业国内支持政策严重扭曲国际农产品贸易，比如美国对大豆、棉花、饲料谷物等产品的高水平补贴，刺激了生产，压低了国际农产品价格，近年来对中国相关产业造成强烈冲击。如果中国和美国之间的贸易摩擦激化到打贸易战的地步，美国将不占优势。美国为了获得战略主动权，先向中国农业国内支持的合规性发起挑战。因此，中国在应对美国关于我国农产品国内支持超标问题的挑战过程中，一方面是要积极推动国内主要农产品支持政策向着符合WTO规则要求的方向改革；另一方面也要进一步加强对美国农业国内支持合规性的研究，并积极利用《补贴与反补贴协定》对美国大豆等重点农产品的国内补贴开展反补贴调查，为制衡美国在农业国内支持方面的挑战提供依据，为应对美国指控我国农业国内支持"超标"问题增加"谈判砝码"。这方面，巴西起诉美国棉花补贴案的胜利对中国具有重要现实意义，即巴西的胜诉是基于对世贸组织规则的缜密理解和应用，基于对美国有关政策的精确理解，基于对美国官方数据的及时掌握和运用。在这方面的深入研究，是最为关键的因素，中国则需要进一步加强。

9.2.4 现行WTO农业规则是不公平的，中国应积极推动重塑更公平的WTO农业规则

《农业协定》是美国和欧盟主导的，是对发展中成员极不公平的WTO农业规则。其中国内支持规则的不公平性主要表现为，美国等发达成员因其基期的TAMS很高，其"黄箱"支持水平只受到TAMS最终约束水平的限制，只要TAMS不超过最终约束水平，特定产品的"黄箱"支持可以超过微量允许，这就严重扭曲这类农产品的国际贸易，比如，美国重点支持的产品有棉花、食糖、牛奶和大豆、玉米、小麦等谷物。广大发展中成员基期TAMS为0，所以其"黄箱"支持水平不得

---

[1] 来源于WTO网站：https://www.wto.org/english/tratop_e/dispu_e/cases_e/ds511_e.htm

[2] 来源于WTO网站：https://www.wto.org/english/tratop_e/dispu_e/cases_e/ds517_e.htm

超过微量允许标准，但美国却可以对棉花、大豆、食糖、大米等重要农产品提供超过产值30%以上的补贴。中国加入WTO时承诺按照WTO规则实施农业国内支持措施，其中承诺AMS约束水平为0，这也意味着我国特定农产品"黄箱"支持不超过该产品产值的8.5%，非特定农产品"黄箱"支持不超过农业总产值的8.5%。

当前，我国农业支持保护制度已面临WTO国内支持规则的"实质性"约束，美国政府于2016年9月中旬向WTO提起争端解决机制下的磋商请求，称我国对大米、小麦和玉米实施的国内支持政策与我国加入WTO相关承诺不符（WTO，2016）。退一步讲，就算中国真的对大米、小麦和玉米的支持水平超过微量允许水平，但近些年中国不仅没有挤占世界农产品市场，而且对大豆、玉米、大米、牛奶、肉类等主要农产品仍是净进口的。随着中国人口增长、城镇化水平提高和消费转型升级，中国未来相当长的阶段也一定是一个农产品净进口的国家，这是由中国资源禀赋先天不足决定的。现行WTO农业规则遵循的是起点约束和动态削减，追求的是自由贸易，完全是站在出口国立场制定的，这对农产品净进口国极不公平。美国作为现行农业国内支持规则的利益既得者，是阻碍新一轮农业国内支持削减谈判的重要原因。

从历史角度看，贸易谈判的目标是阶段性的，中国过去在加入WTO的谈判时对农业做出了很大让步，是为了争取加入WTO，并对更不具备优势的工业争取保护，但这个目标已经基本实现，这个阶段也已经过去。新形势下中国农业和农民受到国内非农产业和国外优势农业的强烈冲击，不仅影响到中国农民的平等发展，而且如果这个问题处理不好，还可能影响中国社会的长治久安。大国主导的贸易规则也是阶段性的，特朗普入主白宫以后，宣布退出对美国不利的TPP协定和巴黎气候协定，并且特朗普政府还表示如果WTO规则违背了美国利益，他将不顾WTO规则约束，采取国内法优先的原则对他国实施贸易报复，这些正是鲜活的例证。虽然特朗普政府的过激倾向广受批评，但这也启示中国，大国在主导贸易规则过程中，必须权衡国家利益。

未来要提升中国农业竞争力，保护中国弱势农业和农民的发展权，这是符合WTO"发展"精神的新目标。中国作为当前WTO最大的发展中成员，在新一轮谈判中，要以更加积极的姿态主导重塑更加公平的国际农业规则，而非一味地遵守发达国家主导的本不平衡的现行国际农业规则。中国要在国际上树立要为国家利益重新塑造贸易规则的新形象,必须加快推动多哈农业谈判,坚持主张"实质性"削减扭曲贸易的国内支持措施,并在谈判中展现充分的灵活性和主动性,以其换取中国在"新蓝箱"、粮食安全公共储备等议题的核心利益,拓展中国农业国内支持新空间,营造相对宽松的国际环境。在国际既定不公平规则框架下,如果不能重新谈判,中国要在更多的领域"另起炉灶",主导新规则。

参考文献

[1] 陈宝森.美国政府的农业政策与"多哈回合"谈判[J].世界经济与政治论坛,2008,(03):38-46.

[2] 程国强.WTO框架下的农业补贴结构与政策调整——对主要WTO成员国履行农业补贴承诺的分析[J].中国农业科技导报,2002(01):8-17.

[3] 程国强.僵局未终结——WTO新一轮农业谈判进展与问题[J].国际贸易,2003(04):30-33.

[4] 程国强.农业保护与经济发展[J].经济研究,1993(04):27-34,26.

[5] 程国强.在"绿箱"与"黄箱"中做文章——透视中国农业补贴[J].中国改革,2001(09):46-48.

[6] 程国强.WTO农业规则和中国农业发展[M].北京:中国经济出版社,2001.

[7] 程国强.发达国家农业补贴政策的启示与借鉴[J].红旗文稿,2009(15):22-24.

[8] 程国强,朱满德.中国工业化中期阶段的农业补贴制度与政策选择[J].管理世界,2012(01):9-20.

[9] 程杰,武拉平."蓝箱"与"新蓝箱":潜在影响与谈判立场[J].国际贸易问题,2008(03):108-113.

[10] 崔卫杰,程国强.多哈回合农业国内支持谈判方案的评估[J].管理世界,2007(05):56-62.

[11] 董银果,尚慧琴.WTO多哈回合:各方分歧、受阻原因及前景展望[J].国际商务研究,2011(03):29-36.

[12] 符金陵,孙东升,吴凌燕.WTO蓝箱政策改革对美国农业支持政策的影响[J].农业经济问题,2005(05):74-78,80.

[13] 龚宇.WTO农产品贸易法律制度研究[M].厦门:厦门大学出版社,2005.

[14] 韩一军,柯炳生.美国棉花补贴所引起的WTO贸易争端及启示[J].农业经济问题,2004(09):20-28,79.

[15] 何艳.WTO框架下的美国主要补贴政策分析[J].世界贸易组织动态与研究,2004(12):30-34.

[16] 胡北平.WTO农业协议中的不平等性[J].世界经济研究,2002(03):32-36

[17] 黄季焜.中国农业的过去和未来[J].管理世界,2004(03):95-104,111.

[18] 黄季焜.增加收入、市场化:美国农业补贴政策的历史演变[N].中国社会科学报,2009-08-13(006).

[19] 柯炳生.美国新农业法案的主要内容与影响分析[J].农业经济问题,2002(07):58-63.

[20] 雷蒙.美国向WTO起诉中国农业国内支持措施[J].WTO经济导刊,2016(10):61.

[21] 雷蒙.千呼万唤始出来——简评美国最新农业国内支持通报[J].WTO经济导刊,2007(11):67.

[22] 李慧,刘合光,孙东升.中国WTO农业谈判进展的跟踪分析——基于农产品贸易政策模拟模型(ATPSM)[J].农业展望,2012(10):41-47.

[23] 李鹊.从巴西诉美国棉花补贴案看WTO框架下的农业补贴问题[D].长春:吉林大学,2007.

[24] 李晓玲.WTO框架下的农业补贴纪律[D].上海:华东政法大学,2007.

[25] 李岳云,张晓蓉.农业多边贸易谈判的困境及原因分析[J].农业经济与管理,2010(01):87-94.

[26] 刘昌黎.WTO谈判破裂的原因与最后成功的关键[J].世界贸易组织动态与研究,2008(10):1-10.

[27] 吕晓英,李先德.美国农业政策支持水平及改革走向[J].农业经济问题,2014(02):102-109,112.

[28] 马述忠.国内支持、利益集团与多哈回合——对美国立场的政治经济学诠释[J].管理世界,2007(03):156-157.

[29] 苗水清,程国强.美国大豆补贴政策及其影响[J].中国农村经济,2006:(05)72-80.

[30] 彭廷军,徐赞,程国强.调节农业支持度——乌拉圭回合农业协议执行情况评介[J].国际贸易,2001(03):9-14.

[31] 齐皓天,彭超.美国农业收入保险的成功经验及其对中国的适用性[J].农村工作通讯,2015(05)::62-64.

[32] 齐皓天,彭超.我国农业政策如何取向:例证美农业法案调整[J].重庆社会科学,2015(01):21-29.

[33] 齐皓天,徐雪高,王兴华.美国农产品目标价格补贴政策演化路径分析[J].中国农村经济,2016(10):82-93.

[34] 尚清,刘金艳.后多哈时代WTO农产品贸易规则的改革与完善——基于粮食安全的视角[J].国际经贸探索,2015(09):95-105.

[35] 沈大勇,王火灿.多哈回合的进展、困境及其原因探析[J].世界经济研究,2008(11):29-34,88.

[36] 速水佑次郎,神门善久.农业经济论(新版)[M].北京:中国农业出版社,2003.

[37] 王琛.美国棉花补贴什么地方违反了WTO规则?[J].WTO经济导刊,2005(Z1):109-110.

[38] 王维芳.多边体制下美国农业补贴政策的审视[J].农业经济问题,2008(09):106-109.

[39] 王维芳.多哈回合背景下美国农业保护政策分析[J].国际贸易问题,2008(10):39-43.

[40] 夏益国,刘艳华.美国联邦农业安全网的演变、特点及发展趋势[J].中国农村经济,2014(01):87-96.

[41] 徐秀军.美国在国际贸易协定谈判中的立场与国内经济调整——以WTO多哈回合谈判为例[J].当代亚太,2011(05):119-142,118.

[42] 姚蕾,田志宏.WTO农产品贸易谈判国家利益集团形成影响因素的实证分析[J].管理世界,2007(5):63-72.

[43] 袁祥州,程国强,齐皓天.美国奶业安全网:历史演变、现实特征与发展趋势[J].农业经济问题,2015(10):101-109,112.

[44] 袁祥州,程国强,朱满德.美国新农场安全网的主要内容和影响分析[J].

农业现代化研究,2015(3):174-180.

[45] 袁祥州,齐皓天,程国强.美国2014年农业法案对棉花安全网的调整与影响分析[J].农村经济,2016(03):123-129.

[46] 袁祥州,朱满德.美国联邦农业再保险体系的经验及对我国的借鉴[J].农村经济,2015(02):124-129.

[47] 赵文,周应恒.WTO农业谈判国内支持削减的影响分析——基于《七月套案》和《香港部长宣言》的削减方案[J].管理世界,2008(03):86-93.

[48] 朱满德,程国强.中国农业的黄箱政策支持水平评估:源于WTO规则一致性[J].改革,2015(05):58-66.

[49] 朱满德,程国强.多哈回合农业谈判:进展与关键问题[J].国际贸易,2011(06):42-47.

[50] 朱满德,李辛一,程国强.美国农业国内支持:WTO多哈农业谈判的绊脚石[J].国际贸易问题,2017(02):61-71.

[51] 朱宇.WTO多哈回合谈判的前景:一个博弈的视角[J].世界经济研究,2007(07):47-51,87.

[52] Blandford D, Timothy Josling. Should the Green Box be Modified?. International Food and Agricultural Trade Policy Council[J].Discussion Paper,2007.

[53] Gaasland, I., R. Garcia and E. Vardal. Norway:Shadow WTO agricultural domestic support notifications[J]. IFPRI discussion papers,2008(812).

[54] Glauber, J.W. and P. Westhoff.The 2014 Farm Bill and the WTO[J]. American Journal of Agricultural Economics,2015,97(5):1287-1297.

[55] Glauber, J.W..Agricultural Insurance and the World Trade Organization[J]. IFPRI discussion papers 1473,2015.

[56] Barry K. Goodwin William Neal Reynolds Professor and Ashok K. Mishra economist.Are "Decoupled"Farm Program Payments Really Decoupled? An Empirical Evaluation[J]. American Journal of Agricultural Economics,2006,88(1):73-89.

[57] Josling T. WTO Compliance and Domestic Farm Policy Change[M]. New York:Springer,2015:247-275.

[58] Schnepf R. U.S.-Canada Wheat and Corn Trade Disputes[J]. Congressional

Research Service Reports , 2005.

[59] Schnepf R. 2014 Farm Bill Provisions and WTO Compliance[J]. Library of Congress. Congressional Research Service , 2015.

[60] Schnepf R. Status of the WTO Brazil-U.S. Cotton Case[J]. Library of Congress. Congressional Research Service , 2014.

重要参考资料来源网站

1.美国农业部(USDA)网站:https://www.usda.gov/

2.美国农业部经济研究局(USDA/ERS)网站:https://www.ers.usda.gov/

3.美国农业部农场服务局(USDA/FSA)网站:https://www.fsa.usda.gov/

4.美国农业部风险管局(USDA/RMA)网站:https://www.rma.usda.gov/

5.美国农业部农业统计局(USDA/NASS)网站:https://www.nass.usda.gov/

6.美国国家农业法律中心(The National Agricultural Law Center)网站:http://nationalaglawcenter.org/farmbills/

7.WTO农业委员会网站:https://www.wto.org/english/tratop_e/agric_e/ag_work_e.htm

8.OECD网站:http://www.oecd.org/